# 누수 소송의 모든 것

# 누수 소송의 모든 것

| | |
|---|---|
| 발행일 | 2025년 9월 30일 |
| 지은이 | 이규호 |
| 펴낸이 | 손형국 |
| 펴낸곳 | (주)북랩 |

| | | | |
|---|---|---|---|
| 출판등록 | 2004. 12. 1(제2012-000051호) | | |
| 주소 | 서울특별시 금천구 가산디지털 1로 168, 우림라이온스밸리 B동 B111호, B113~115호 | | |
| 홈페이지 | www.book.co.kr | | |
| 전화번호 | (02)2026-5777 | 팩스 | (02)3159-9637 |
| ISBN | 979-11-7224-872-7 13360(종이책) | | 979-11-7224-873-4 15360 (전자책) |

잘못된 책은 구입한 곳에서 교환해드립니다.
이 책은 저작권법에 따라 보호받는 저작물이므로 무단 전재와 복제를 금합니다.
본 도서는 (주)북랩이 보유한 리코 인쇄 장비 등 자체 생산 인프라를 통해 제작되었습니다.

---

**작가 연락처 문의 ▶ ask.book.co.kr**
전용 게시판에 문의를 남기시면 저자에게 직접 전달됩니다.

---

**(주)북랩** 성공출판의 파트너
북랩 홈페이지와 SNS에서 다양한 출판 솔루션을 만나 보세요!

홈페이지 book.co.kr · 블로그 blog.naver.com/essaybook · 출판문의 text@book.co.kr
카톡채널 북랩

누수 피해자와 분쟁 당사자를 위한 소송 대응 매뉴얼

# 누수 소송의 모든 것

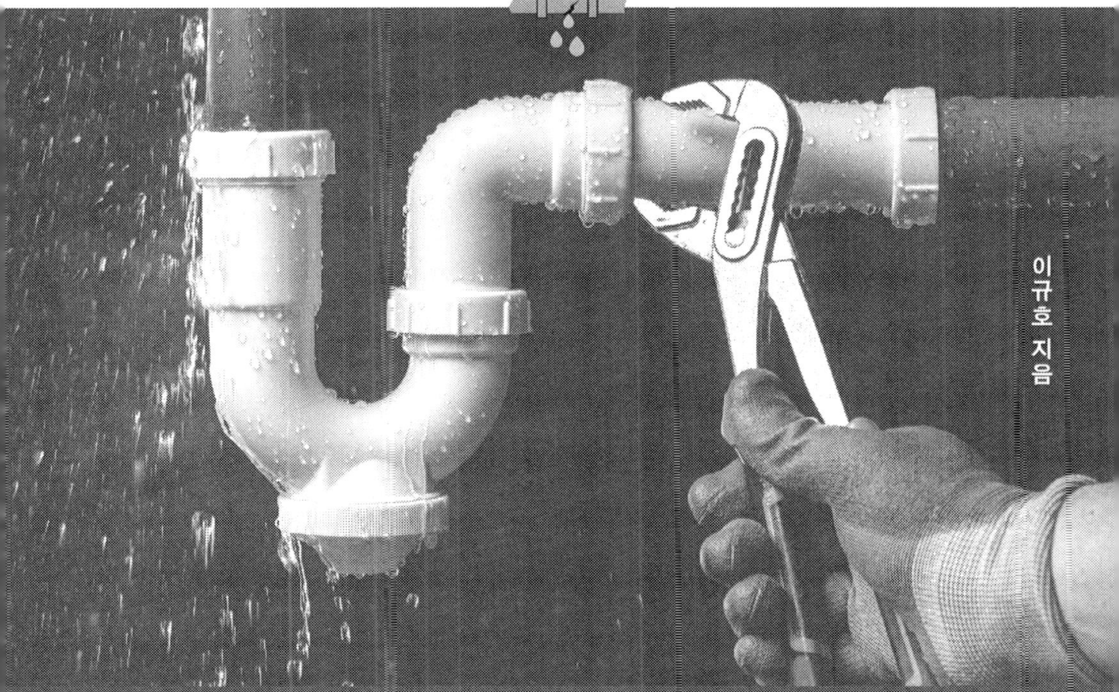

이규호 지음

**윗집 누수로 속을 끓이고 있다면,
집을 팔았는데 누수 컴플레인이 들어왔다면?**

**누수 소송의 성패는
원인 규명과 손해액 입증에 달려 있다!**

**현직 변호사가 판례와 사례로 풀어낸
누수 분쟁 해결의 실전 지침서**

## 머리말

 여름마다 '워터파크'로 난리다. 집중호우로 신축 아파트가 침수되는 일도 있었다. 배수시설 불량으로 인해 물이 넘쳐 국민적인 공분이 형성되었다. 비단 신축만의 문제는 아니다. 오래된 건물들은 더하다. 배관이 녹슬고 방수층이 파손되어 물이 뚝뚝 떨어진다. 쉽게 해결될 문제가 아니다. 기후변화로 인한 폭우, 부실시공, 노후화 등 각종 문제로 누수 현상은 더욱 빈번하게 발생하고 있다. 누구나 살면서 한 번쯤은 누수를 겪게 된다.

 누수는 분쟁으로 이어진다. 집 천장에 물이 새서 거주하기 어려워질 수도 있고, 반대로 아랫집으로부터 누수 피해가 발생했다며 고쳐 달라는 요청을 받을 수 있다. 영업을 위해 점포를 임차했다가 누수로 매출이 감소하게 될 수 있고, 반대로 임대인이 월세를 받다가 누수가 터져 임차인으로부터 수선 요구를 받을 수도 있다. 담보대출을 끌어서 산 집에서 누수 피해가 발생할 수도 있고, 집을 팔고 나서 누수로 인한 컴플레인이 들어올 수도 있다. 신축 건물을 분양받자마자 누수가 터져서 시행사와 다투는 사례도 있다. 인접 지역에서의 공사로 인한 충격으로 우리 집에 누수가 터져 공사 현장에 찾아가게 될 수도 있다. 건물에서 생활하고 건물을 이용하는 한, 누수 분쟁의 위협은 언제나 존재한다.

원만하게 해결되면 최선이지만, 쉽지 않다. 누수 피해자는 누수가 심각할수록 더욱 큰 고통을 겪는다. 분노한 피해자는 누군가를 가해자로 지목하고, 피해 복구와 금전 배상 등을 요구한다. 그러나 가해자로 지목된 상대방으로서는 받아들이기 어렵다. 누수를 유발할 의도도 없었는데, 큰 비용을 지출하라고 하니 답답할 따름이다. 갈등의 골이 깊어지고, 소송까지 가는 사례가 적지 않다.

하지만 소송에 앞서 객관적으로 상황을 진단해볼 필요가 있다. 누수 피해자로서는 누구를 상대로 소송을 제기해야 하는지, 소송으로 무엇을 얻어낼 수 있는지, 필요한 증거는 무엇인지, 증거 확보는 어떻게 해야 하는지, 비용 지출해가며 소송할만한 건인지 살펴야 한다. 상대방 역시 마찬가지다. 책임져야 할 사항이 맞는지, 무엇을 해줘야 하는지, 증거는 충분한지 봐야 한다.

그런데 판단이 쉽지 않다. 민법, 집합건물법, 상법 등 관계 법령에 대한 깊은 이해가 필요할 뿐만 아니라, 건물 구조와 누수의 특성에 대한 기술적인 지식까지 동원해야 한다. 가뜩이나 참고

할 자료도 많지 않다. 법률가에게 누수 소송이 그다지 매력적인 분야가 아니기 때문으로 보인다. 누수는 그 특성상 소송 가액이 크지 않기에, 굳이 누수 소송을 전문 분야로 삼는 법률가는 손에 꼽는다. 그러다 보니 누수에 휘말린 당사자가 도움을 얻을 자료가 많지 않다.

이에 누수 소송을 다수 수행하면서 얻은 지식을 체계적으로 정리해보았다. 우선, 망원경으로 누수 소송을 들여다보았다. 윗집과 아랫집 간의 누수 분쟁, 임대인과 임차인 간의 누수 분쟁, 매도인과 매수인 간의 누수 분쟁, 분양자(시행사)와 수분양자 간의 누수 분쟁, 기타 누수 분쟁으로 분류해보았다. 각각의 유형마다 현미경으로 분석하고자 하였다. 소송 당사자들이 주로 다투는 쟁점을 소개하였고, 법령과 판례의 일반론을 정리하였으며, 소송 실무와 그에 대한 의견 또한 덧붙였다.

부디 이 책이 누수 분쟁 해결에 도움이 되어, 더 많은 이들이 누수의 늪에서 한 걸음이라도 더 벗어나기를 희망한다.

마지막으로 곁에서 항상 응원해 준 예솔이, 법무법인 도시와사람의 변호사님들과 직원분들, 든든한 버팀목이 되어주셨던 부모님께 감사의 인사를 바친다.

## 차례

머리말     5

## 1장
# 공동주택 층간 누수 분쟁

**1. 손해배상 청구 소송**     15
- 책임소재 파악     16
- 책임 소재 기준: 전유부분과 공용부분     18
- 전유부분과 공용부분의 예시     22
- 전유부분 누수 책임자: 1차 세입자, 2차 소유자     26
- 공용부분 누수 책임자     28
- 피해자가 누수 원인을 밝혀야     32
- 법원 감정(鑑定, appraisal)을 통한 입증     33
- 감정 전략: 선보수 후감정 vs 선감정 후보수     35
- 감정 절차와 유의사항     39
- 감정 없이 원인 입증이 가능할까?     42
- 손해액도 피해자가 밝혀야     45
- 피해 세대 내부 복구비     46
- 누수 탐지 비용     51
- 이사비와 숙박비     54
- 기타 비용     58
- 누수 때문에 날린 월세     61

| | |
|---|---|
| 손해액 그대로가 배상액일까? | 63 |
| 정신적 고통에 대한 위자료 | 68 |
| 승소 후 집행의 문제 | 72 |
| 피해 세대 임대인과 임차인 간의 관계 | 74 |
| 가해 세대의 해결책 | 76 |

**2. 누수 방지 공사 청구**     78
    방지 공사 이행 청구 소송     80
    방수공사 집행과 간접강제     82
    형사 고소     86

**3. 공용부분 보수비 청구**     89

## 2장
# 상가 임대차 누수 분쟁

**1. 수선의무**     93
    임대인의 수선의무     95
    수선의무 면제 특약     98
    누수를 해결해야 수선의무 이행 완료     102

**2. 임대인이 수선의무를 위반할 경우의 효과**     105
    필요비 상환 청구     106
    월세     108
    계약 해지와 보증금 반환     110
    계약 해지 후 부당이득금     113
    인테리어 비용 청구     117
    영업 손실     124
    권리금     127

영업 손실 및 권리금과 인테리어 비용은 중복 청구 불가     **132**
기타 손해: 집기 등 보수비, 환불금     **134**

**3. 점포 간의 관계**     **136**

## 3장
## 매매 누수 분쟁

**1. 하자담보책임**     **141**
하자담보책임의 성립 요건     **142**
상법상 담보책임     **147**
손해배상과 해제     **149**

**2. 불완전이행책임**     **152**

**3. 불법행위책임**     **156**

## 4장
## 분양계약 누수 분쟁

**1. 집합건물법상 담보책임**     **161**
집합건물법에 따른 담보책임의 청구권자와 상대방     **162**
집합건물법상 담보책임의 요건     **165**
집합건물법상 담보책임의 효과     **168**

**2. 하자보수보증금**     **171**

**3. 실무상 분쟁 형태**     **174**

## 5장
# 기타 누수 분쟁

**1. 인접 공사로 인한 누수 분쟁**    **179**
    인접 공사 피해에 대한 손해배상청구의 요건    **180**
    기여도의 문제    **183**

**2. 방수공사 계약 분쟁**    **185**

**3. 공인중개사와의 분쟁**    **188**

물은 위에서 아래로 흐른다. 그 당연한 순리에서 비극이 시작된다. 아파트나 빌라의 천장에 물이 새면, 피해 세대로서는 윗집이 원인이라고 생각하기 쉽다. 피해 세대, 즉 아랫집은 윗집에 누수 방지와 피해 복구비를 요청하게 된다. 윗집이 선뜻 해결해 준다면 좋겠지만, 그렇지 않은 경우가 많다. 윗집이 억울함을 호소하고는 한다. 윗집 책임이 아니라고 다투기도 하고, 비용이 과다하다고 주장하기도 한다. 서로 답답할 따름이니 감정이 악화되어 분쟁이 발생한다. 이때 누수 피해자가 법무법인 명의로 내용증명을 보내기도 한다. 여차하면 소송하겠다는 말이다. 그런데도 원만히 해결되지 않는다면, 결국 소송이다. 누수가 멎은 상태라면, 아랫집은 윗집을 상대로 법원에 손해배상 청구 소송만 제기한다. 누수가 계속된다면, 아랫집은 소송을 제기하면서 손해배상뿐만 아니라 누수 방지까지 청구한다. 여기에 각종 당사자가 얽혀든다. 윗집 임차인과 소유자, 아랫집 임차인과 소유자, 입주자대표회의, 관리단 등 다양하다. 이와 같은 분쟁 유형에 대해 살펴보고자 한다.

## 1. 손해배상 청구 소송

우선, 층간 누수 분쟁에서는 손해배상 청구 소송이 가장 전형적이다. 누수로 인해 손해가 발생했으니, 돈으로 배상해달라는 소송이다. 피해자는 가해자가 누구인지 파악하여 소송 상대방을 정하고, 재판에서 누수 원인을 입증하고, 손해액이 얼마인지 증명해야 승소할 수 있다. 아래에서는 누가 가해자인지, 누수 원인은 어떻게 입증하는지, 누수로 인한 손해에는 무엇이 있는지, 손해액은 어떻게 입증하는지, 승소하고 나면 어떻게 돈을 받는지 살펴보고자 한다.

## 책임 소재 파악

누수 피해가 발생할 경우, 책임 소재가 누구에게 있는지 명확히 따져봐야 한다. 막연히 윗집에 책임이 있다고 생각하기 쉽지만, 단순한 문제가 아니다. 소송 상대방에 대한 고민 없이 윗집 소유자 책임이라고 생각하고 소송을 제기한다면, 패소 가능성이 있다. 윗집이 누수와 무관하다고 밝혀질 수 있고, 윗집 소유자가 아니라 윗집 세입자 책임일 수도 있다. 충분한 고민 없이 엄한 사람 잡으면 대가를 치르게 된다. 소송 상대방으로부터 한 푼도 받지 못하고 오히려 소송비용을 물어줘야 한다[1]. 억울해도 어쩔 수 없다. 소송 상대방을 신중하게 정해야 한다. 즉, 누구에게 책임이 있는지 파악해야 한다.

가해자로 지목된 자로서도 책임 소재를 밝힐 실익이 있다. 자기 책임이 아니라면 최선이다. 피해자에게 이를 설명하고 진짜 가해자를 찾게 하면 된다. 자기 책임임이 확실하다면 향후 대응 방안

수립에 도움이 된다. 무작정 버티기보다는 조속히 협상하여 불필요한 손해를 막을 수 있게 된다. 이와 달리, 누가 가해자인지 파악하지 않으면 누수 피해에 대한 책임을 뒤집어쓸 수도 있고, 불필요한 소송에 휘말릴 수도 있다. 피해자가 아니라 하더라도 책임 소재를 따져봐야 한다.

# 책임 소재 기준:
# 전유부분과 공용부분

　누수 원인 부위가 어디냐에 따라 책임 소재가 달라진다. 아파트나 빌라와 같이 호실(세대)별로 등기가 있는 건물을 '집합건물'이라고 하는데, 집합건물은 **전유부분**과 **공용부분**으로 구성되어 있다. '전유부분'은 개별 세대가 단독으로 소유하는 부분이고, '공용부분'은 모든 세대가 공유하는 부분이다. 가령, 세대 현관문 내부 공간은 일반적으로 전유부분이고, 복도는 공용부분이다. 누수 원인이 윗집 전유부분이라면 윗집 책임이지만, 공용부분이라면 그렇지 않다. 누수 책임 소재를 따지려면 누수 원인 부위가 전유부분과 공용부분 중 무엇에 해당하는지 확인해야 한다.

　그렇다면 우선 기술적으로 원인 부위가 어디인지 찾아내야 한다. 피해자가 직접 건물 내부를 들여다보기는 어렵고, 기술 전문가에게 맡겨야 한다. 일반적으로 탐지업체는 누수 원인으로 의심되는 부위를 확인하고, 특정 부위가 파손되어 있다면 보수한 후,

누수가 재발하는지 지켜본다. 해당 부위를 보수한 후 누수가 멈춘다면, 그 부위를 원인으로 지목하게 된다. 가령, 기술자가 위층 난방 배관의 하자를 발견하고 이를 보수하였는데도 누수가 계속되면 다른 원인을 찾는다. 위층 세탁실 배관을 들춰보아 파손된 사실을 확인하고 이를 고친 후 누수가 멈춘다면, 위층 세탁실 배관이 누수 원인이라는 결론을 내리게 된다.

원인 부위를 찾았다면, 그 부위에 대한 법적 판단이 필요하다. 즉, 전유부분과 공용부분 중 무엇인지 확인해야 한다. 기술자가 특정 부위를 전유부분이라고 생각하더라도, 법적으로는 공용부분에 해당할 수 있다. 가령, 기술자가 위층 세탁실 배관이 전유부분이라고 주장하더라도 법원의 판단은 다를 수 있다. 반대의 경우도 마찬가지다. 기술적 판단을 마쳤더라도 법적 판단은 별개 문제이다. 그렇다면 무슨 기준으로 판단해야 할까?

우선, **규약**을 살펴야 한다. 공동주택관리법이 적용되는 150세대 이상의 아파트는 관리규약을 두어야 하고[2], 비교적 최근에 준공된 오피스텔이나 주상복합 또한 마찬가지다[3]. 적법한 관리규약이 제정되어 있다면 그에 따라 특정 부위가 공용부분과 전유부분 중 무엇에 해당하는지 판단하면 된다. 위에서 언급한 위층 배관은 어떨까? 일반적으로 개별 아파트의 관리규약은 특별시장이나 도지사 등이 정하는 관리규약 준칙을 따르는데[4], 관리규약 준칙은 보통

'배관 중 세대 계량기 전까지의 부분'을 전유부분으로 규정하고 있다[5]. 이와 같은 내용의 관리규약이 있다면, '세대 계량기 전까지의 위층 배관'은 해당 위층 세대의 전유부분이다. 반대로 계량기 바깥의 위층 배관은 공용부분이다. 즉, '위층 세대 계량기 안쪽 배관'이 파손되어 누수가 발생하면 위층 세대 책임이지만, '계량기 바깥쪽 배관'은 아니다. 관리규약이 있다면 이와 같은 방법으로 판단하면 된다.

그러나 모든 집합건물에 관리규약이 있지는 않다. 다세대 빌라나 구축 오피스텔, 주상복합, 150세대 미만 아파트는 관리규약이 없는 경우가 많다. 규약이 없다면, 전유부분과 공용부분을 어떻게 구분할까?

규약이 제정되지 않은 경우, 개별 세대 소유자 간에 특단의 합의가 있으면 그에 따르면 된다[6]. 가령, 소유자들이 합심하여 배관은 모두 공용부분으로 보기로 합의했다면, 그 합의대로 판단하면 된다. 이 경우, 위층 배관 또한 공용부분에 해당하게 된다. 하지만 실무상 이와 같은 사례는 거의 없다. 합의가 있다면 이를 기준으로 판단하면 되지만, 규약도 없는데 별도 합의가 존재하기는 어렵다.

규약도 합의도 없다면, **건물 구조와 용도**를 따져봐야 한다[7]. 여러 세대가 같이 사용하는 부분이라면 공용부분이지만, 1개 세대만이 이용한다면 전유부분에 해당한다. 가령, 윗집 바닥 밑에 매설되어 있어 윗집 난방에만 이용되는 배관은 윗집 전유부분이다. 이 부분이 파손되어 아랫집에 누수 피해가 발생한다면 윗집 책임이다. 그러나 위층 복도에 묻혀있어 여러 세대로 뻗어나가는 공용 배관은 공유부분이다. 이 부위의 파손으로 누수 피해가 발생하더라도 윗집 책임이 아니다. 누수 원인 부위의 구조와 용도에 따라 누수 책임 소재가 달라진다.

  마지막으로 유의할 점이 있다. 건물 전체가 완성되어 건축물대장에 집합건물로 등록된 시점을 기준으로 판단해야 한다. 즉, 소유자들이 분양받아 입주한 후 건물을 개조하였다면, 개조 전의 구조를 살펴야 한다. 건물의 이용 상황이 변화했더라도, 변경 전을 기준으로 따져봐야 한다[8].

## 전유부분과
## 공용부분의 예시

 법적 판단 기준을 살펴보았으니, 이제 개별 사례들에 대입해 보자.

 **외벽**이나 **옥상**은 대표적인 **공용부분**이다. 일반적으로 관리규약에는 외벽과 옥상이 모두 공용부분으로 명시되어 있고, 각 세대 소유자 또한 마찬가지로 생각하며, 외벽과 옥상이 구조상 개별 세대만을 위해 이용되지도 않는다. 아주 예외적인 사정이 없다면, 외벽 균열이나 옥상 방수층 파손으로 인한 빗물 누수는 개별 세대 책임이 아니라고 보면 된다.

 **개별 세대 내부 방수층**은 전형적인 **전유부분**이다. 보통 관리규약에 세탁실이나 화장실 등 세대 내부는 전유부분으로 적혀있고, 개별 세대 소유자는 당연히 세탁실과 화장실 바닥을 자기 소유로 인식하며, 구조상으로도 그 세대만 이용한다. 윗집 세탁실이나 화장실 바닥 방수층이 파손되어 아랫집에 누수가 발생했다면, 윗집 책임이다.

이렇게 보면 단순한 것 같지만, 잘못 판단하기 쉬운 부위도 있다. 전유부분으로 생각하기 쉽지만 공용부분인 경우가 있다.

베란다가 대표적이다. 개별 세대 내부에 있으니 당연히 전유부분으로 생각하기 쉽다. 일반적으로 **발코니**는 **전유부분**이 맞지만[9], **베란다**는 **공용부분**이라고 보아야 한다[10]. 발코니와 베란다의 차이는 무엇일까? 발코니는 개별 세대의 전망이나 휴식 등 목적으로 설치되는 공간으로[11], 분양 대상인 '서비스면적'에 포함된다[12]. 흔히 '아파트 베란다'라고 부르지만, 거실 창문 밖 공간에 천장이 있다면 법적으로 '발코니'에 해당한다. 발코니는 관리규약에도 보통 전유부분으로 명시되어 있고[13], 건물 구조에 따른 용도 또한 개별 세대의 전망이나 휴식이다. 즉, 개별 세대 소유자를 위한 전유부분이다. 이와 달리, 베란다는 아래층과 위층의 건축면적 차이로 인하여 발생하는 공간이다[14]. 즉, 위층보다 아래층이 넓으면 아래층에 공간이 남는데, 그 나머지 부분이 바로 베란다이다. 빌라의 최상층보다 그 아래층 면적이 넓은 경우, 아래층 중 천장 없는 공간이라고 생각하면 된다. 베란다는 대개 관리규약 준칙에 전유부분으로 명시되어 있지 않고, 분양 대상도 아니며, 건축물대장의 전용면적에도 포함되지 않는다[15]. 건물 외벽이나 옥상과 같은 공용부분이라고 보아야 한다. 윗집 베란다 방수층 파손으로 아랫집에 누수 피해가 발생하더라도, 전유부분이 아니므로 윗집 책임으로 인정되기 어렵다.

세대 내부에 접한 배관 또한 유의해야 한다. 세대 내부 벽체 너머에 있는 배관은 당연히 해당 세대의 전유부분이라고 생각하기 쉽다. 계량기 안쪽 배관에 이어지는 전유부분처럼 보인다. 그러나 꼭 그렇지만은 않다.

가령, 개별 세대의 다용도실 벽체 너머의 배관을 전유부분으로 인정하지 않은 판결이 있다[16]. 해당 배관은 다용도실 벽체 바깥쪽의 '피트 공간'에 있었는데, 이는 2세대 이상이 사용하는 통로이자 건축 설비 등을 설치하기 위한 공간이다. 비록 개별 세대의 다용도실에 접하고 있다고는 하지만, 본질은 여러 세대가 사용하는 공용부분이다. **피트 공간 안에 있는 배관**을 전유부분이라고 볼 수는 없다. 계량기 안쪽 배관과 연결되지 않는 별개의 배관으로서 **공용부분**에 해당한다고 보아야 한다.

세대 내부 바닥에 매설된 배관 또한 전유부분이라고 단정할 수 없다. 예를 들어, 반지하 세대 바닥 아래에 있는 배관이라 하더라도, 그 실체는 **외부에서 인입된 공동 상수도관**일 수 있다[17]. 이와 같은 공동 상수도관은 반지하 세대가 아니라 모든 세대가 이용하는 배관이므로, **공용부분**이다.

개별 세대 천장 위 배관도 주의를 요한다. 천장 위 배관 중에는

**스프링클러에 연결된 배관**이 있다. 이를 전유부분으로 생각하기 쉽다. 개별 세대의 전유부분에 설치되어 있기 때문이다. 그러나 전유부분이 아니다[18]. 해당 세대 입주자의 안전을 위한 설비이기도 하지만, 건물 전체 입주자의 안전을 위한 설비이기도 하다. 화재는 그 특성상 개별 세대에 국한된 문제가 아니기 때문이다. 스프링클러는 전유부분에 붙어있더라도 **공용부분**이고, 스프링클러에 이어지는 배관 또한 마찬가지다.

# 전유부분 누수 책임자:
# 1차 세입자, 2차 소유자

　윗집 전유부분이 아랫집 누수 피해의 원인이면, '윗집' 책임이다. 그렇다면 이때 '윗집'은 정확히 누구를 말하는 것일까?
　**윗집에 소유자가 직접 거주하고 있으면** 간단하다. 윗집 소유자가 아랫집 누수에 대한 책임을 부담한다. 이외에 거주자들까지 신경 쓸 필요가 없다. 아랫집으로서는 윗집 소유자에게만 따지면 되고, 윗집 소유자를 상대로 소송하면 된다. 윗집 소유자가 아랫집에 복구비 등 손해를 배상해야 하고, 더 이상 누수가 계속되지 않도록 윗집 전유부분을 보수해야 한다.
　이와 달리, **윗집 소유자가 직접 거주하지 않고 임대하였다면** 조금 복잡해진다. 이 경우, 1차 책임은 **윗집 세입자**에게 있다. 윗집 세입자는 윗집 전유부분의 점유자로서 민법 제758조 제1항에 따른 공작물책임을 부담하고, 윗집 전유부분 파손으로 아랫집에 누수 피해가 발생하면 손해를 배상해야 한다. 하지만 이는 '1차' 책임이다.

세입자에게는 면책 사유가 있다. 세입자가 아랫집 누수 피해 방지를 위해 필요한 노력을 다했다면, 민법 제758조 제1항 단서에 따라 책임을 면한다. 그렇다면 세입자가 어떠한 조치를 했어야 책임을 면할까? 윗집 난방배관 파손으로 아랫집에 누수 피해가 발생한 경우를 가정해보자. 세입자가 할 수 있는 일에는 한계가 있다. 소유자도 아닌데 현실적으로 바닥에 매설된 배관을 주기적으로 파헤쳐가며 점검하기는 어렵다. 이는 집주인이 관리해야 하는 영역이다. 아랫집이 누수 피해를 호소한다면, 윗집 세입자로서는 집주인에게 알리면 충분하다. 이 경우, 아랫집은 필요한 조치를 하였으므로 공작물책임을 부담하지 않게 된다[19]. 정리하면, 윗집 세입자는 아랫집 누수 피해에 일차적 책임이 있지만, 필요한 조치를 했다면 이를 면하게 된다.

  2차 책임은 **윗집 집주인**에게 있다. 윗집 세입자가 주의를 게을리하지 않아 책임을 면하면, 윗집 집주인이 윗집 전유부분 파손에 대한 책임을 부담한다. 아랫집 누수 피해가 계속되지 않도록 보수해야 하고, 아랫집의 손해를 배상해줘야 한다. 아랫집 입장에서 책임 소재에 대한 확신이 없다면, 윗집 소유자와 세입자 전부를 상대로 소를 제기하는 편이 안전하다. 둘 중 하나를 상대로만 소를 제기했다가는 소송을 두 번 하게 될 수도 있다. 소송비용은 더 들어갈 수 있지만, 최악은 피할 수 있다.

## 공용부분
## 누수 책임자

　누수 원인이 윗집 전유부분이라면 윗집 책임이고, 공용부분이라면 윗집 책임이 아니다. 그렇다면 공용부분 파손에 대한 책임은 누가 부담할까? 외벽, 옥상, 공용 배관은 누가 보수해야 할까?

　공동주택관리법에 따른 **입주자대표회의가 있는 아파트**의 경우, 둘이다. 아파트와 같은 공동주택의 **관리사무소장**은 관리주체로서 공용부분의 유지, 보수 및 안전관리 업무를 담당하고[20], **입주자대표회의**는 관리사무소장을 감독한다[21]. 이를 두고 법원의 태도는 엇갈리고 있다. 공용부분 파손으로 인한 누수 피해에 대해 입주자대표회의에게 감독자로서의 최종 책임이 있다고 본 판결도 있고[22], 입주자대표회의가 아니라 관리사무소장이 관리주체로서 책임진다고 본 판결도 있으며[23], 둘 다 책임져야 한다는 판결도 있다[24]. 개인적으로는 관리사무소장에게 명확한 잘못이 없다면 책임을 인정하기에 적절하지 않다고 생각한다. 관리사무소장이 누수를 막을 수 없는 경우에도 자기 재산으로 손해를 배상해야 한다면, 개인에 불과한 관리사무소장의 부담이 너무 과중하게 된다. 다만, 누수 피해자로서는 어쩔 수 없다. 법원의 입장이 분명하지 않으니, 입주자대표회의와 관리사무소장 모두를 상대로 소송하는 편이 안전하다.

**그 외의 집합건물**은 원칙적으로 **관리단**에 1차 책임이 있다. 150세대 미만으로 공동주택관리법의 의무관리대상이 아닌 아파트, 오피스텔, 빌라 등에서는 '관리단'이 공용부분 관리주체이다[25]. 관리단은 공용부분에서 누수 등 하자가 발생하지 않도록 유지, 보수할 의무를 부담한다. 관리단은 집합건물의 개별 세대 소유자 전원이 구성하는 단체로, 모든 집합건물에는 관념적으로 관리단이 존재한다. 관리단이 실질적으로 활동하지 않더라도 공용부분 누수에 대한 책임은 형식적으로 부담한다.

관리단이 실제 운영되지 않는 경우, 문제가 있다. 소규모 빌라에서는 관리단이 현실적으로 활동하기 어렵다. 규모가 제법 큰 집합건물이더라도 관리단 없이 돌아가는 경우도 있다. 이때 누수 피해자가 허울뿐인 관리단을 상대로 손해배상 청구 소송을 제기하고 승소하더라도, 현실적으로 관리단으로부터 돈을 받기 어렵다.

대안은 있다. **관리단에 재산이 없다면**, 관리단의 구성원인 개별 세대 소유자들에게 책임을 물으면 된다. 즉, 누수 피해자는 집합건물법 제27조 제1항에 따라 자력이 없는 관리단 대신 개별 세대 소유자 전원에게 손해배상 청구 소송을 제기할 수 있다[26]. 공용부분은 결국 개별 소유자들의 공유물이니, 관리단에 돈이 없다면 **소유자 전원**이 책임져야 한다.

이 경우, 개별 세대 소유자들은 얼마씩 부담해야 할까? 집합건물법에 따르면, 구분소유자는 '지분비율'에 따라" 책임을 진다[27]. 이때 '지분비율'은 '전유부분의 면적 비율'을 말한다[28]. 즉, '모든 세대 소유자들의 전유부분 면적 합계'에서 '소유자 1인의 전유부분이 차지하는 비중'이 '지분비율'이다. 이에 따라 개별 구분소유자는 누수 피해자에게 [전체 손해배상채무 × (자기가 소유한 전유부분 면적 / 해당 건물 전유부분 면적 총합)]을 배상하면 된다. 즉, 개별 세대 소유자는 공용부분 중에서 자기 몫만큼만 책임지게 된다.

이해를 돕기 위한 예시는 다음과 같다. K 건물에는 구분소유자 A, B, C만 있다고 가정해보자. A의 전유부분이 10평이고, B의 전유부분이 10평이고, C의 전유부분이 20평이다. A가 공용부분에서 발생한 누수로 1,000만 원 상당의 피해를 보았다면, B는 A에게 250만 원[1,000만 원 × 10평 / (10평 + 10평 + 20평) = 250만 원]을 배상해야 한다. C는 A에게 500만 원[1,000만 원 × 20평 / (10평 + 10평 + 20평) = 500만 원]을 지급해야 한다.

한편, 누수 피해자가 **관리업체에 책임을 묻기는 어렵다**. 관리단이 공용부분에 대한 직접적인 점유자(관리책임자)이고, 관리업체는 관리단과 사이에 체결한 위탁관리계약에 따라 이를 보조할 뿐이다. 관리업체에 특별한 귀책사유가 없다면, 관리업체가 공용부분 누수 피해에 대해 손해배상책임을 부담하지 않는다[29]. 물론, 예외는 있다. 개별 세대 소유자가 공용부분 보수를 요청함에도 관리업체가 적극적으로 거부하여 소유자에게 누수 피해가 발생했다면, 관리업체에 책임을 물을 여지가 있다[30]. 이런 예외적인 사정없이 그냥 정상적으로 건물을 관리했는데 공용부분 하자로 누수 피해가 발생했다면, 관리업체에 손해배상책임을 인정하기 어렵다.

# 피해자가
# 누수 원인을 밝혀야

앞서 살펴본 바와 같이, 누수 피해자는 책임 소재를 파악하기 위해서라도 누수 원인을 확인해야 한다. 원인을 파악했다면, 소송에서 이를 입증해야 한다. 상대방이 순순히 피해자 주장을 인정하지 않는다면, 누수 피해자가 소송에서 판사를 설득해야 한다. 주장만으로는 충분하지 않다. 재판에서 누수 원인이 무엇인지 입증하지 못한다면 패소한다. 입증 책임은 피해자에게 있다. 피해자와 가해자가 모두 원인에 대해 충분한 증거를 제출하지 못한다면, 피해자의 청구는 기각된다. 누수 피해자로서는 어떻게든 누수 원인을 입증해야 한다. 그렇다면 소송에서 어떻게 이를 입증할까?

## 법원 감정(鑑定, appraisal)을 통한 입증

　사설 업체의 소견서만으로는 누수 원인을 증명하기 쉽지 않다. 누수 피해자가 사설 업체로부터 의견서를 받아와도, 판사로서는 쉽사리 그 내용을 믿기 어렵다. 해당 업체가 충분한 전문성을 갖췄는지 알 수 없고, 누수 피해자에게 유리한 소견서를 작성했을 수도 있기 때문이다. 소송 상대방 또한 다른 업체에 비용을 주고 별도의 의견서를 제출할 수도 있다. 이 역시 재판부가 쉽게 받아들이기 어렵다.

　가장 정석적인 입증 방법은 법원 감정(鑑定, appraisal)이다. 법원이 지정한 전문가가 현장과 자료를 확인하고 기술적인 의견을 내는 절차다. 양 당사자의 말만 믿을 수는 없으니, 객관적인 전문가에게 기술적인 판단을 맡긴다고 보면 된다.

　법원 감정인이 특정 부위를 누수 원인으로 지목하면, 재판부는 특별한 사정이 없는 한 이를 존중한다[31]. 즉, 판사는 일반적으로 감정인이 제시하는 부위를 누수 원인으로 인정한다. 재판부가 감정 결과에 반하여 다른 부위를 누수 원인으로 인정하는 사례는 찾기 어렵다. 감정 결과는 누수 소송의 성패를 좌우할 수 있다.

  누수 소송에서 감정은 대단히 중요한 만큼, '잘'해야 한다. 당사자가 변호사 없이 누수 소송에서 감정 절차를 제대로 진행하기는 어렵다. 피해액이 크다면 감정 절차 진행을 위해서라도 변호사를 선임해야 한다. 아래에서는 감정 절차가 왜 어려운지, 무엇을 해야 하는지, 어떻게 해야 하는지 살펴보고자 한다.

# 감정 전략:
## 선보수 후감정 VS 선감정 후보수

우선, '언제' 감정할지 결정해야 한다. 두 가지 방법이 있다. '선보수 후감정' 전략과 '선감정 후보수' 전략이다. 전자는 먼저 고쳐놓고 소송을 제기하여 감정을 신청하는 방안이고, 후자는 현장을 보존한 상태로 소송을 제기하여 감정을 신청하는 방안이다.

**선보수 후감정** 전략의 **장점**은 **피해 최소화**이다. 누수 현장을 장기간 방치하면, 피해가 확대된다. 누수의 정도가 심해지고, 내부 석고보드가 썩으며, 곰팡이까지 번져나간다. 쥐와 벌레가 나올 수도 있다. 시간이 지날수록 거주하기 더 어려운 공간이 된다. 피해자의 마음도 더 타들어간다. 누수를 초기에 잡아야 더 큰 피해를 막을 수 있고, 정신적 고통도 피할 수 있다. 선보수 후감정이 아니라 선감정 후보수 전략을 택한다면, 피해 확대를 감수해야 하는 문제점이 있다.

하지만 선보수 후감정 전략에 **단점**이 있다. 현장을 보수한 다음에 감정을 실시한다면, 감정인이 **정확한 판단을 내리기 어렵다**. 누수가 발생하고 있을 때도 누수 원인 파악이 쉽지 않은데, 누수가 멎은 상태에서는 더 어렵다. 감정인이 원인을 찾을 수 없다고 하거나, 누수와 무관한 부위를 원인으로 지목할 수 있다. 이와 반대로, 선감정 후보수 전략을 쓰면 누수 원인 입증이 비교적 수월하다. 감정인이 물이 떨어지고 있는 현장을 살핀다면, 정확히 원인을 찾을 수 있다.

그렇다면 언제 어떤 전략을 써야 하는 걸까? 기계적으로 정할 문제는 아니고, 세 가지 요소를 종합적으로 고려해야 한다.

첫째는 **피해 확대 가능성**이다. 누수도 현장마다 다르다. 어떤 현장에서는 고치지 않더라도 피해가 별로 커지지 않고, 어떤 현장에서는 치명적인 결과가 발생한다. 전자의 대표적인 예시는 외벽이나 옥상 균열로 인한 우천 누수이다. 이 경우, 보수하지 않더라도 비가 오지 않는 날에는 물이 새지 않는다. 특히, 겨울철에는 누수가 발생할 일이 많지 않다. 비가 오더라도 외부에 방수포를 임시 방편으로 덮어놓으면 피해를 부분적으로나마 막을 수 있다. 이 경우, 법원 감정을 실시할 때까지 버틸 수 있다. 즉, 선감정 후보수 전략을 사용하기에 적합하다. 후자의 예시로는 배관 누수를 들 수 있다. 배관 파손으로 물이 새면 알아서 멎지를 않는다. 해당 배관을 직접적으로 건드리지 않으면 배관으로 물이 지나갈 때마다 누수 피해가 발생한다. 매일매일 피해가 가중되고, 임시로 누수를 막을 방법도 마땅치 않다. 이 경우, 일단 고쳐놓고 감정해야 피해 확대를 막을 수 있다.

둘째로, 감정의 **난이도**를 고려해야 한다. 누수 원인 파악이 어려우면 선감정 후보수 전략을 써야 한다. 지하층에서의 동시다발적인 누수는 원인 탐지가 간단하지 않다. 공동배관, 오수관, 전용배관, 정화조, 외벽 등 후보가 많다. 대대적인 보수 공사로 누수를 해결하고 나면, 감정을 통한 원인 입증에 실패할 수 있다. 이 경우, 고통스럽더라도 현장을 보존하여 감정한 다음 보수할 필요가 있다. 이와 반대로, 누수 원인이 분명하면 선보수 후감정 전략을 쓸 수 있다. 예를 들어, 누수 피해 부위가 하나이고 윗집에 그에 대응하는 원인 부위가 있다면, 원인이 비교적 분명하다. 이 경우, 일단 보수하여 피해 확대를 막고 나중에 감정하더라도 원인 입증에 성공하기 쉽다.

한편, 두 전략 모두 유의사항이 있다. 우선, **선보수 후감정** 전략은 사전에 **증거를 많이 확보해둬야** 한다. 앞서 살펴본 바와 같이 선보수 후감정 전략을 썼다가 원인 입증에 실패하게 될 위험성이 있다. 그러니 고치기 전에 누수 사진과 동영상을 많이 확보해두고, 고칠 때 탐지업체의 의견서를 받아두고, 보수업체로부터 가급적 구체적인 견적을 받아놓아야 한다. 그래야 감정인이 보수 완료 후라 하더라도 누수 원인을 정확히 판단할 수 있다. 급하다고 증거 없이 막무가내로 고쳐놓는다면, 법원 감정을 하고도 누수 원인 입증조차 실패하게 될 수 있다.

**선감정 후보수** 전략은 **신속성**이 생명이다. 피해 확대를 막으려면 빨리 감정을 해야 한다. 이를 위해서 '증거보전' 절차를 이용해야 한다. 소송을 제기하기 전에 법원에 증거보전을 신청하여 신속하게 감정을 실시하는 방안이다. 소를 제기한 다음 감정을 신청하면 수개월이 소요되는데, 증거보전 절차를 통해 소 제기 전에 감정해 버리면 그 기간을 대폭 단축할 수 있다. 그런데 이 증거보전에도 요건이 있다. 법원이 미리 증거조사하지 않으면 곤란한 사정이 있어야 한다[32]. 즉, 급해야 한다. 그런데 누수가 발생한지 오래되었다면, 법원은 급하지 않다고 본다. 장기간 방치하고도 살 수 있었으니 좀 더 기다려도 된다고 판단한다[33]. 즉, 소 제기 후 감정을 신청해서 입증하라는 취지다. 선뜻 납득이 가지는 않지만, 일단 법원 입장은 이렇다. 피해자로서는 누수가 터지자마자 바로 움직여야 증거보전 신청이 채택되고, 또 그래야 감정을 신속하게 진행할 수 있다.

## 감정 절차와 유의사항

우선, 누수 피해자로서는 법원에 감정을 신청해야 한다. 앞서 살펴본 바와 같이 소 제기 전에 증거보전으로서 감정을 신청할 수 있고, 소 제기 후 재판부에 감정을 신청할 수도 있다. 신청서에는 감정 대상을 잘 적어야 한다. **감정할 사항**에는 당연히 누수 **원인**이 들어있어야 하고, 여기에 **보수비**도 넣어야 한다. 뒤에서 살펴보겠지만 보수비 또한 누수 피해자가 입증해야 하는데, 이 역시 감정을 통한 입증이 정석이다. 두 번 감정하지 않으려면 감정할 사항을 구체적으로 작성하여야 한다.

그 다음은 **감정인 지정**이다. 법원이 1인의 감정인을 바로 지정하여 곧바로 업무를 맡길 때도 있고[34], 피해자와 소송 상대방에게 3인의 후보자 명단을 제공할 때도 있다. 후자의 경우, 명단에 후보자마다 예상 비용, 경력, 자격, 실적 등이 적혀있다. 당사자는 이에 대해 선호하는 후보자가 누구인지 의견을 제출할 수 있다.

비용도 중요하지만, 가급적 **건축시공기술사** 자격이 있고 **누수 감정 실적**이 많은 후보자를 지정해달라고 해야 한다. 법원은 이를 반영하여 감정인을 지정하고 통보한다.

감정인이 지정되었다면, 감정을 신청한 누수 피해자가 비용을 선납해야 한다. 누수 원인 파악이 비교적 간단한 건이라면 500만 원 이내인 경우도 있지만, 복잡한 건은 1,000만 원을 넘기도 한다. 비용 부담은 있지만, **감정비용을 선납하고 승소한다면 가해자에게 받을 수 있다**[35]. 지면 꽝이다. 일부 승소하면 일부 받게 된다.

비용을 선납했다면, 감정인이 구체적인 업무에 착수한다. 이때 감정인은 양 당사자로부터 자료를 받고 현장을 살펴본다. 맨눈으로 살펴보기만 하는 경우도 있고, 파취 조사를 하는 경우도 있다. 일반적으로는 감정인이 현장에서 양 당사자의 의견을 충분히 들으려고 노력한다. 이후 감정인이 감정서를 작성하여 법원에 제출하면, 양 당사자는 법원으로부터 이를 받게 된다.

이로써 감정이 마무리되는 경우도 있지만, 그렇지 않은 경우도 있다. 감정서에 명백한 오류가 있을 수도 있고, 내용이 불충분하거나 불명확할 수도 있다. 이 경우, 당사자로서는 재판부에 **감정보완**을 신청해야 한다. 다만, 명백한 모순점이 없다면 보통 감정인이 쉽사리 오류를 인정하지는 않는다. 양측 의견을 듣고 심혈을 기울여 작성한 감정서를 한쪽 말만 듣고 고치기는 어렵다.

감정인의 의견이 최종적으로 정리되면, 재판부는 보통 그 내용을 신뢰한다. 감정서 내용이 판결의 기초가 된다.

## 감정 없이
## 원인 입증이 가능할까?

살펴본 바와 같이, 누수 사건에서 감정은 부담스러운 일이다. 감정비용으로 수백만 원을 지출해야 하고, 현실적으로는 변호사 비용도 써야 한다. 시간도 오래 걸리고, 해야 할 일도 많다. 감정은 당사자 입장에서 달갑지 않은 절차이다.

그렇다면 감정 없이 누수 원인을 입증할 수는 없을까? 감정을 통한 입증이 정석이지만, 예외 사례도 있다. 가끔은 **법원이 감정 결과 없이도 누수 원인이 입증되었다고 볼 때가 있다.** 어떠한 경우일까?

**누수 원인이 비교적 명확해야** 한다. 가령, ① 윗집 배관에 파손된 부위가 있고, ② 아랫집에 누수 피해가 발생했으며, ③ 윗집 배관을 보수하자 아랫집 누수가 멈췄다면, 윗집 배관 파손이 누수 원인일 가능성이 높다. 다른 유력 후보가 없다면, 아랫집 누수 피해의 원인은 윗집 배관이라고 볼만하다. 이와 같은 상황에서 비용을 내고 감정 절차를 진행해가며 누수 원인을 별도로 입증해야 할까? 실익이 크다고 보기 어렵다. 이럴 때는 감정 없이도 원인이 입증되었다고 봐야 할 현실적인 필요성이 있다. 실제로 법원이 위와 같은 사실관계 하에서 감정 없이 누수 원인이 입증되었다고 본 사례가 있다[36].

다만, 누수 피해가 큰 사건에서는 가급적 감정 절차를 진행해야 한다. 즉, 피해의 정도가 중요하다. 아랫집에 피해가 발생하였고, 복구비가 50만 원이라고 가정해보자. 이 경우, 현실적으로 수백만 원의 감정료를 낼 실익이 없다. 배보다 배꼽이 더 크다. 즉, 감정 없이도 원인이 입증되었다고 볼 현실적인 필요성이 크다. 이에 비해, 누수 피해가 심각하여 복구비가 5,000만 원이라면 어떨까? 감정료가 아깝긴 하지만, 손해액을 생각하면 내지 못할 금액은 아니다. 이와 같은 경우, 정석대로 감정을 통해 누수 원인을 다퉈봐야 한다. 이와 같은 사정을 고려해서인지, 법원은 **주로 소액 사건**에서만 감정 없이 누수 원인이 입증되었다고 판결하는 경향이 있다[37].

정리해보면, 누수 원인이 비교적 명확하면서도 피해액이 크지 않다면, 누수 피해자가 감정 절차를 밟지 않고도 누수 원인 입증에 성공할 여지가 있다.

다만, 앞서 설명한 바와 같이 이것이 정석은 아니다. 예외적인 방법인 만큼, **역험부담은 존재**한다. 재판부에 따라서는 보다 엄격한 입증을 요구할 수 있다. 법원 감정 없이 소송하면 원인 입증 부족으로 패소할 위험이 있다. 비용을 내서라도 법원 감정을 통해 명확히 입증할지, 위험을 감수하고서라도 감정 없이 판결을 받아볼지 고민해봐야 한다.

## 손해액도
## 피해자가 밝혀야

　누수 원인을 입증하더라도 끝이 아니다. '누구에게 책임이 있는지'와 '얼마를 배상해야 하는지'는 별개의 문제이다. 누수 피해를 배상받기 위해 손해배상 청구 소송을 제기했다면, 누수 원인과 함께 손해액이 얼마인지도 증거에 의해 입증해야 한다. 손해액 입증이 부족하다면, 피해자가 누수 원인을 입증하고도 패소할 수 있다. 청구 중 극히 일부만이 인용되어 상처뿐인 승리가 될 수도 있다. 이와 같은 결과를 막으려면, 손해액 입증에도 심혈을 기울여야 한다. 이를 위해서는 무엇이 누수로 인한 손해인지, 누가 어떠한 손해를 입는지, 손해액을 어떻게 입증하는지 살펴봐야 한다.

# 피해 세대
# 내부 복구비

　누수 피해로 인한 손해배상 청구 소송에서 가장 중요한 손해는 피해 세대 복구비다. 한 부위에 작은 누수가 발생했다면 복구비가 많이 들지 않지만, 집이 물바다가 될 수준이라면 수천만 원이 될 수 있다. 액수가 큰 만큼, 피해자와 가해자가 가장 첨예하게 다투는 쟁점이다. **피해 복구 공사비**가 얼마냐에 따라 소송 제기 여부 및 대응 방안이 달라진다.

　피해 복구비는 누가 받을 수 있을까? **피해 세대 소유자**다. 피해 세대 소유자가 거주자에게 집을 임대하였더라도, 원칙적으로 거주자가 아니라 소유자가 복구비 청구권자다. 피해 세대 거주자는 임차인으로서 임대인인 소유자에게 복구를 요청할 수 있을 뿐이고, 윗집이나 입주자대표회의에게 복구비를 청구할 수 없다[38]. 피해 세대의 내부는 임대인 소유이니 임대인이 윗집 등에 청구할 수 있을 뿐이다.

피해 세대 소유자는 피해 복구비를 받기 위해 그 금액을 입증해야 하는데, 이 역시 법원 **감정**이 정석이다. 사설 업체의 견적은 금액이 가지각색이다. 재판부로서는 쉽사리 사설 업체 견적 금액을 믿기 어렵고, 일반적으로 감정인이 일정한 기준에 따라 산정한 금액을 인정한다. 감정인은 보통 표준품셈을 적용하여 직접공사비를 산정하고, 정부에서 공인한 시중물가정보 2개사 이상의 단가를 비교하여 낮은 단가를 적용하여 재료비를 산정하며, 대한건설협회에서 조사 공표한 시중 노무비를 적용하여 노무비를 산정하고, 조달청의 원가 요율에 따른 공사원가계산 제비율을 적용한다[39]. 복잡하지만, 건설감정의 일반적이고 객관적인 기준에 따른다고 생각하면 된다. 감정인이 그에 따라 보수비를 제시하면, 법원은 보통 그 금액을 인정한다.

감정 결과에 따른 **보수비는 보통 누수 피해자가 만족할 만한 수준이 아니다.** 사설 업체의 견적 금액의 10%에 불과할 수도 있다. 50%만 되어도 잘 나왔다고 평가할 수 있다. 감정인마다 편차가 있고, 현장마다 차이는 있다. 확실한 점은 하나다. 피해자의 기대에 미치기 어렵다. 누수 피해자로서는 소 제기를 결정하기에 앞서 이 점을 반드시 명심해야 한다.

한편, 누수 원인에 다툼이 없는 사건이라면, 보수비 감정만 신청하는 편이 경제적이다. '누수 원인'과 '적정 보수비' 모두를 감정할 사항으로 넣는다면, 난이도가 높아져 감정료가 불어난다. 누수 원인에 대해 다툼이 있다면 어쩔 수 없겠지만, 당사자 간에 적정 보수비에 대해서만 다투고 있다면 그에 대해서만 감정할 필요가 있다.

소송 당사자로서는 보수비 감정 과정에서 감정인에게 충분한 정보를 제공해야 한다. 피해자는 보수비 감정에 앞서 사진과 동영상을 확보하고, 사설 업체로부터 구체적인 근거를 담은 견적서를 받고, 감정 과정에서 감정인에게 이를 제출하고, 누수 부위가 어디인지 자세히 설명해야 한다. 가해자 역시 사진이나 자체 견적서 등 자료가 있다면 이를 제출해야 한다.

우선, 누수 피해자로서는 피해 부위가 어디인지에 대한 정확한 정보를 전달해야 한다. 누수는 그 특성상 일정하지 않다. 어떤 날에는 흔적조차 발견할 수 없다가도, 어떤 날에는 곳곳이 젖어 들게 된다. 감정인이 현장을 살피는 시점에 누수의 정도가 덜할 수 있고, 육안으로 피해 부위가 어디였는지 정확히 파악하기 어려울 수 있다. 감정인이 피해가 발생했던 부위를 알지 못하고 지나친다면, 내부가 썩었더라도 보수비 산정에서 제외될 수 있다. 누수 피해자로서는 사진, 동영상, 견적서 등을 통해 누수 피해 부위가 어디였는지 설명해야 한다.

피해자로서는 감정인에게 **미관상 하자에 대한 보수비까지** 산정해달라고 요구해야 한다. 가령, 안방 천장 일부에 누수 피해가 발생했다고 가정해보자. 이때 직접적으로 훼손된 부위만 땜질식으로 보수해놓으면 보기 흉하다. 이전과 같은 도배 용지를 바르더라도 티가 나기 마련이다. 때가 탄 부분과 새로 바른 부분이 차이 날 수밖에 없다. 즉, 미관상 하자가 발생한다. 이를 막기 위해서는 최소한 안방 천장 전체를 도배해야 한다. 실제로 법원이 직접적인 피해 부위 외에 인접 부위에 대한 도배 비용까지 누수 피해로 인한 손해로 인정한 사례가 있다[40]. 피해자로서는 이 부분까지 놓치지 않도록 유의해야 한다.

피해자는 복구공사 방법에 대한 의견도 제시해야 한다. 감정인이 도배 비용과 내부의 썩은 석고보드를 교체하는 비용만 산정하는 경우가 있다. 그러나 이 경우, 곰팡이가 재발할 우려가 있다. 누수 특성상 곰팡이의 뿌리를 뽑아야 한다. 곰팡이 방지 페인팅까지 해야 비로소 재발을 막을 수 있다. 법원이 곰팡이 방지 페인팅 비용까지 피해복구비에 포함된다고 본 사례가 있다[41]. 피해자가 감정인에게 **곰팡이 방지 비용까지** 뽑아 달라고 요청해야 한다. 이외에도 특수한 공사가 필요하다면 그 필요성을 역설해야 한다. 가령, 기존에 고급 벽지를 발라놓았다면, 훼손된 벽지를 고급 벽지로 복구해야 한다. 피해자로서는 공사 방법에 대해 필요한 의견을 빠짐없이 내야 한다.

한편, 가해자로서는 **피해자의 주장이 객관적인지** 살펴야 한다. 피해자가 제출하는 견적서에 누수와 전혀 무관한 부위에 대한 보수까지 포함되어 있다면, 이 점을 보수비에서 제외해달라고 요청해야 한다. 가령, 누수 피해가 화장실에서 발생했는데 거실 보수비가 포함되어 있다면, 감정인에게 이 점을 지적해야 한다.

나아가, 가해자는 **감가상각비 공제**를 주장해야 한다. 감정인이 감가상각을 고려하지 않고 신품 기준 보수비를 산정하는 경우가 있다. 그와 같은 비용이 전부 누수로 인한 피해액이라고 볼 수 없다. 가령, 피해 세대가 인테리어 후 20년이 지난 상태에서 누수 피해가 발생했다고 가정해보자. 이 경우, 피해 세대가 신품 기준 보수비를 받을 수 있다고 보면, 피해 세대는 누수 피해와 무관한 이익을 얻게 된다. 중고품을 신품으로 교체하게 된다. 이는 누수 피해 자체에 대한 보수비라고 보기 어렵다. 그렇기에, 법원은 신품 기준 비용에서 감가상각비용을 공제한 금액만 보수비로 인정한다[42]. 감가상각비는 보통 1년에 1%에서 5% 정도인데, 사건마다 다르다. 만약 인테리어 시점으로부터 시간이 많이 지난 상태라면, 생각보다 감가상각비용이 클 수 있다. 이 점을 놓치지 않도록 유의해야 한다.

## 누수 탐지 비용

 피해자에게는 누수 탐지 비용도 문제다. 누수는 단시간에 해결하기 어렵다. 배관 등 건물 내부 곳곳에서 누수가 발생할 수 있다. 일반인이 원인을 확인하기 쉽지 않다. 누수 피해자로서는 전문 업체에 의뢰하여 원인을 알아내야 한다. 그러나 전문 업체마저도 원인 파악에 실패하는 경우가 적지 않다. 특히, 지하층은 더욱 어렵다. 각종 배관과 외벽 하자가 뒤얽혀있기 때문이다. 결국 피해자로서는 업체를 바꿔가며 어렵사리 누수 원인을 파악할 수밖에 없다. 누수 피해자로서는 돈은 돈대로 내고 원인은 찾지 못하니 답답할 수밖에 없다.
 다행히도 탐지 비용은 비교적 폭넓게 배상받을 수 있다. 피해자가 2회 이상 누수 탐지 비용을 지출한 경우, 가해자가 두 번째 비용부터는 낼 수 없다고 주장하는 사례가 있다. 처음부터 누수 탐지를 잘했으면 두 번째 비용을 낼 필요가 없었다는 취지다. 그러나 법원은 일반적으로 이와 같은 주장을 받아들이지 않는다. 누수가 발생하면 당연히 원인을 찾을 때까지 탐지 비용을 지출해야 하기 때문이다. 즉, 2차 탐지비용 또한 누수가 발생하면 반드시 써야만 하는 돈이다. 비용을 지출하여 탐지에 실패했더라도 마찬가지이다. 피해 세대로서는 달리 방법이 없다. 성공할 업체만 찾아서 비용을 지출할 수도 없는 노릇이고, 탐지 비용을 2번 지출하고 싶어서 지출하는 사람은 없다. 그렇기에 **법원은 1, 2차 탐지 비용 모두 가해자가 배상해야 한다고 본다**[43].

또한, 누수 탐지비용 청구는 비교적 쉽다. 일반적으로 탐지 비용을 지출한 사실만 입증하면 된다. 즉, **영수증, 계좌이체내역, 소견서 등을 제출하면 충분**하다. 액수가 이례적으로 과다하지 않다면, 별도로 감정할 필요도 실익도 없다.

이에 대해 가해자가 탐지비용 지출 사실을 몰랐다고 다투는 경우가 있다. 돈을 쓴 사실을 몰랐으니 배상할 수 없다는 취지다. 이는 누수 탐지비용이 '통상손해'가 아니라 '특별손해'라는 주장이다. 피해자는 '통상손해'에 대해서는 손해가 발생한 사실만 입증하면 되지만, '특별손해'에 대해서는 그뿐만 아니라 '가해자가 그와 같은 사실을 알았거나 알 수 있었다는 사정'까지 같이 입증해야 한다[44]. 일반적으로 발생하는 비용이 아닌 특별손해라면, 가해자가 비용 발생 사실을 알았거나 알 수 있었던 경우에만 책임을 물을 수 있다.

만약 탐지비용이 특별손해라면, 피해자는 그 비용을 배상받기 어려워지게 된다. 피해자가 '가해자가 비용 지출 사실을 알았거나 알 수 있었다는 점'을 입증하기는 쉽지 않다. 피해자가 가해자에게 통보한 후 탐지 비용을 지출했다면 괜찮겠지만, 사전에 알리지 않았다면 가해자가 피해자의 비용 지출 사실을 알기 어렵다.

그러나 법원은 탐지비용이 특별손해가 아닌 통상손해에 해당한다고 보고 있다[45]. 즉, 피해자로서는 '가해자가 탐지 비용 발생 사실을 알았다는 점'을 입증할 필요가 없고, '피해자가 탐지비용을 지출한 사실'만 입증하면 족하다. 누수가 발생하면 당연히 탐지비용을 지출해야 한다. 이를 이례적으로 지출하는 비용, 즉 특별손해라고 볼 수 없다. 따라서 피해자로서는 가해자의 인식을 따져볼 필요 없이 탐지비용을 지출한 사실만 밝히면 된다.

# 이사비와 숙박비

누수 피해가 발생하면, 보수공사 기간에 피해 세대에서 거주하기 쉽지 않다. 짐을 빼고 숙박업소에 가야 할 수 있다. 큰 공사가 필요할수록 그렇다. 거실 전체의 썩은 석고보드를 교체하고 도배를 새로 해야 한다면, 공사 기간에 계속 거주할 수 없다. 이 경우, 누수 피해자는 이사비와 숙박비를 지출해야 한다.

그렇다면 이사비와 숙박비 또한 손해배상 청구 대상일까? 관건은 공사 기간에 피해 세대에 살 수 없을 정도로 누수가 심각한지이다. 누수 피해가 크다면 이사비 및 숙박비를 청구할 수 있지만, 경미하다면 받기 어렵다.

**대규모 복구공사가 필요**하다면, **이사비와 숙박비를 비교적 손쉽게 청구할 수 있다**. 전체적으로 천장을 철거하고 재시공해야 한다면, 피해자가 현실적으로 공사 기간에 피해 세대에 거주할 수 없다. 이 경우, 이사비와 숙박비는 누수로 인해 통상 발생하는 손해이다[46].

앞에서 언급한 바와 같이 '통상손해'는 '특별손해'와 다르다. 통상손해에 대해서는 피해자가 손해가 발생한 사실만 입증하면 되고, 특별손해와 달리 가해자의 인식에 대해 별도로 입증할 필요가 없다. 누수 피해가 심각하여 전면적인 공사가 필요하다면, 피해자는 현장 피해 사진과 이사비 및 숙박비 지출 증빙 자료만 내면 된다.

이와 달리, **누수가 경미한 사안**에서는 **이사비와 숙박비를 배상받기 쉽지 않다**. 누수의 정도가 심각하지 않다면, 이사하지 않더라도 복구 공사를 할 수 있다. 이 경우, 이사비 및 숙박비가 누수로 인한 손해라고 보기 어렵다. 즉, 이사비 및 숙박비 지출과 누수 간의 인과관계를 인정하기 어렵다. 그렇기에, 법원은 누수 부위가 크지 않다면 원칙적으로 이사비 및 숙박비 청구를 기각한다.[47]

물론, 집안 일부에만 누수가 발생했더라도 예외는 있다. 피해 세대의 특성으로 인해 부분적으로 누수가 생겨도 거주가 어려울 수 있다. 피해 세대에 식구가 많다면, 누수 피해가 크지 않아도 이사가 필요하다. 거주자가 많다면 방 하나만 공사해도 주거에 지장이 생긴다. 일반적인 가구라면 이사하지 않아도 공사 기간에 생활할 수 있지만, 구성원의 수가 많다면 이사해야 한다. 피해 세대 거주 인원이 많다면, 누수 부위가 크지 않더라도 이사비 및 숙박비를 지출해야 한다.

다만, 위와 같은 상황에서의 이사비 및 숙박비 지출은 '특별손해'다. 피해 세대에 거주자가 많다는 특별한 사정으로 인한 손해이기 때문이다. 통상손해가 아니므로, 피해자로서는 '가해자가 그와 같은 사정을 알았거나 알 수 있었다는 점'을 추가 입증해야 한다. 즉, '가해자가 피해 세대의 이사비 및 숙박비 지출 사실을 알았거나 알 수 있었다는 점'을 증명해야 한다[48]. 어떻게 가해자가 이를 알게 할까? 피해 세대로서는 이사비 및 숙박비를 지출하기에 앞서 그와 같은 돈을 쓸 예정임을 밝혔어야 한다. 누수가 경미하다면, 이와 같은 예외적인 상황에서 추가 요건을 갖춰야 이사비 및 숙박비를 받을 여지가 있다.

이사비 및 숙박비를 배상받을 수 있는 사안에서는 배상액이 얼마일까? **이사비**에 대해서는 다툼이 많지 않다. 실제 지출한 비용만큼 청구하기 마련이고, 과다 청구할 여지가 크지 않다. 아주 이례적인 규모의 큰 금액을 지출하지 않았다면, 법원은 일반적으로 **지출한 금액** 그대로 인정한다.

그러나 **숙박비**에 대해서는 분쟁이 발생하기 쉽다. 모텔 숙박비만큼만 받을 수 있을까? 아니면 반대로 최고급 호텔 비용을 받을 수 있을까? 법원은 피해자가 받아야 할 숙박비의 성격을 '대체주거비'로 보고 있다. 즉, 피해 세대와 유사한 수준의 숙소에서 거주하기 위한 비용이다. 보통 법원은 **피해자가 지출한 숙박비가 1일당 5만 원에서 15만 원 정도라면 그 금액을 그대로 인정**하지만[49], 액수가 그보다 크다면 엄격하게 판단하는 경향이 있다. 다툼이 첨예한 경우, 아예 **해당 주택의 보증금 없는 월세 상당액**을 기준으로 대체주거비를 정하기도 한다[50].

1일당 숙박비에 '보수 기간'을 곱하면 총대체주거비가 나온다. 그렇다면 복구공사 기간은 언제부터 언제까지일까? 보통 감정으로 입증한다. 이를 위해 감정신청 시점에 감정할 사항에 복구공사비뿐만 아니라 복구공사 기간까지 함께 넣어야 한다. 그러면 감정인이 객관적인 보수공사 기간을 산정하고, 이를 기준으로 총숙박비를 청구하면 된다.

개인적으로는 이사비 및 숙박비를 폭넓게 인정할 필요가 있다고 생각한다. 아무리 '호캉스'가 유행이라지만, 강제로 밖에서 자고 싶은 사람은 없다. 외부 숙소가 '주택과 유사한 수준'으로 편의를 제공하기는 어렵다. 현실적인 측면을 고려해야 한다.

# 기타 비용

 누수 피해가 발생하면 할 일이 많다. 파손된 가전제품을 수리해야 하고, 젖어버린 옷과 침구류를 세탁해야 한다. 젖어버린 물건을 폐기해야 할 수도 있고, 가구를 바꿔야 할 수도 있다. 생각지 못한 비용이 계속 발생할 수 있다. 이 경우, 어떻게 해야 가해자로부터 수리비나 세탁비 등 기타 비용을 받을 수 있을까?

 다른 손해와 마찬가지다. 피해자가 누수로 인해 기타 비용을 지출한 사실을 입증해야 한다. 이를 두 가지로 나눌 수 있다. '기타 비용을 지출한 사실'과 '누수와 비용 지출 간의 인과관계'다.

 '비용 지출 사실'은 비교적 쉽게 입증할 수 있다. 돈을 쓸 때마다 영수증이나 이체내역 등을 확보해놓고, 법원에 이를 적시에 제출하면 된다. 특별히 금액이 과다하지 않다면, 별도로 감정을 신청할 필요까지는 없다.

 그러나 지출한 비용이 '누수 때문에' 지출한 비용이라는 점을 입중하기는 어렵다. 세탁비 등은 누수가 발생하지 않더라도 일상적으로 지출하는 비용이다. 누수 발생 시점 무렵에 지출하였다면 누수로 인하여 지출한 비용일 가능성이 크지만, 이를 명백히 입증하기는 쉽지 않다. 현실적으로 옷이나 가전이 물에 젖고 곰팡이가 번진 사진을 일일이 찍기는 쉽지 않다. 가전제품에 물이 좀 튀었다고 하더라도, 수리가 필요하지 않는 경우도 있다. 법원으로서는 피해자가 이미 고장 상태인 가전제품에 물 묻혀놓고 수리비 청구하였을 가능성을 배제할 수 없다. 원칙적으로는 피해자가 누수로 인해 고장이 발생하여 수리비 지출이 필요함을 입증해야 하는데, 쉽지 않은 문제다.

다행히 대안이 있다. 피해자가 누수로 인한 손해액을 구체적으로 입증하지 못해도 지출한 금액 중 일부를 받을 방법이 있다. 민사소송법 제202조의2다. 이는 '손해가 발생한 사실은 인정되나 구체적인 손해의 액수를 증명하는 것이 사안의 성질상 매우 어려운 경우에 법원은 변론 전체의 취지와 증거조사의 결과에 의하여 인정되는 모든 사정을 종합하여 상당하다고 인정되는 금액을 손해배상 액수로 정할 수 있다'는 규정이다. 전체 손해액 입증이 어렵다면, 법원이 위 규정을 근거로 적절한 금액을 인정해줄 수 있다.

다만, 법원은 **피해자의 입증이 부족하다면 보통 청구액 중 '일부'를 인용**한다. 가령, 누수 피해자가 1,124만 원의 기타 비용을 지출하였음에도, 법원이 그중 300만 원만을 인용한 사례가 있다[51]. 피해자가 지출한 위 1,124만 원이 전부 누수로 인하여 지출한 비용이라고 단정할 수 없었다. 결국 법원은 지출한 비용 중 소액만을 인용하였다.

피해자로서는 아쉬울 수밖에 없지만, 어쩔 수 없다. 법원으로서도 당사자 말만 듣고 큰 금액을 인정해 줄 수는 없다. 사전에 최대한 노력해두는 방법밖에 없다. 누수 피해가 발생하면, 그때그때 최대한 많은 증거를 수집해야 한다. 영수증이나 이체내역과 같은 비용 증빙 자료와 함께, 어떠한 물건에 어떠한 피해가 발생했는지도 사진 등을 통해 빠짐없이 기록해야 한다. 그와 같은 조치가 부족할 때에야 비로소 민사소송법 제202조의2를 꺼내들어야 한다. 최후의 수단으로 소액이라도 건지기 위해서는 말이다.

# 누수 때문에 날린 월세

빈집에 누수 피해가 발생하면, 집주인은 속이 타들어간다. 누수가 발생하는 집에 들어올 사람은 없기 때문이다. 일시적으로 누수 상황을 은폐하고 세입자를 들이는 방법도 있겠지만, 이 경우 더 큰 분쟁의 위험이 있다. 누수가 해결될 때까지는 현실적으로 세입자를 받기 어렵다. 임대할 수 없으니 월세를 받지 못하게 된다. 그렇다면 누수가 멎을 때까지의 월세 손실을 소송으로 배상받을 수 있을까?

**임료 손실을 청구하기 위한 전제조건**이 있다. ① 우선 **피해자가 아파트에 거주하지 않았어야** 한다. 피해자가 거주하였다면 임대할 수 없었으니 당연히 임대료를 받을 수 없었다. 집주인이 직접 거주하였다면 누수가 터지더라도 월세 손실이 발생할 여지가 없다. ② 다음으로, **피해자가 가해자에게 임대 계획을 고지하였어야** 한다. 누수로 인한 월세 손실은 누구나 겪는 '통상손해'가 아니다. 집주인이 직접 거주하지 않고 임대를 계획하였다는 특별한 사정에서 비롯된 특별손해다. 이와 같은 '특별손해'를 청구하려면, 가해자가 그와 같은 손해 발생 사실을 알았거나 알 수 있었어야 한다. 따라서 피해 세대 소유자로서는 누수가 터졌을 때 가해자에게 임료 손실이 발생한다는 점을 알려야 한다. 그와 같은 통보를 하지 않는다면, 임료 상당액 청구 자체가 기각될 수 있다.

임료 청구가 인용된다면, 얼마를 받을 수 있을까? 결론부터 말하자면, 보통 **3개월 정도**까지의 임료 상당액만 배상받을 수 있다. 법원은 '사회 통념상 피해자가 누수를 해결할 때까지 필요한 기간'의 임료 상당액을 배상해야 한다고 보는데, 보통 그 기간은 3개월 정도다[52]. 피해자가 3개월 내에 비용을 선투입해서라도 누수를 해결할 수 있으니, 3개월분 월세만 배상받을 수 있다고 본다. 2년간 누수 피해가 발생하더라도, 가해자로부터 2년분 월세를 받아내기는 어렵다. 법원은 약 3개월 이후부터는 피해자 책임도 있다고 본다.

누수 피해자로서는 헛된 기대로 상황을 방치하기보다는 적극적으로 나서야 한다. 사비를 들여서라도 누수를 일단 해결하고, 필요한 기간만큼의 월세 상당액과 선 지출 비용을 청구하는 편이 현명하다. 마냥 기다리면 세입자로부터 월세를 받을 수 없고, 가해자로부터 손해배상을 받을 수도 없다.

## 손해액 그대로가 배상액일까?

누수 피해자가 누수 원인과 복구공사비 등 재산상 손해액을 모두 입증하더라도, 손해액 전부를 배상받기는 어렵다. 감정인은 사설 견적보다 낮은 금액을 보수비로 인정하는데, 법원은 여기서 **한 번 더 깎을 수 있다**. '손해배상 책임 제한' 때문이다. 이는 전반적인 사정을 종합하여 가해자가 손해액 중 일부만을 배상하도록 판결할 수 있다는 법리이다. 대부분의 누수 사건에서는 이 법리가 적용되고, 누수 피해자는 법원이 인정하는 **손해액 중 일부만을 배상**받게 된다.

가해자의 손해배상책임을 제한하는 이유가 무엇일까? 가해자가 피해자의 손해액을 전부 배상해야 한다면, 공평하지 않기 때문이다. 윗집이 누수 원인이면 윗집을 '가해자'로 지목하지만, 윗집이 고의로 누수를 유발하는 사례는 찾아보기 어렵다. 윗집이 배관 등에서 누수가 발생하는지 매 순간 지켜볼 수도 없는 노릇이다.

아랫집의 미흡한 대처가 피해를 키웠을 수도 있다. 모든 책임이 윗집에 있다고 볼 수 없다. 그렇기에 윗집이 '가해자'로서 손해배상책임을 부담하더라도 책임 제한 법리에 따라 일부만을 배상하게 된다.

그렇다면 누수 사건에서 가해자의 책임은 얼마나 제한될까? 사건마다 다르다. 가해자의 책임을 인정하기 어렵다고 볼 만한 사정이 많을수록, 가해자의 책임이 더 많이 제한된다. 그렇다면 책임 제한 사유에는 무엇이 있을까?

우선, **노후화**는 중요한 책임 제한 사유 중 하나다. 법원은 대부분의 구축 건물 누수 소송에서는 노후화를 책임 제한 사유로 제시한다. 얼마나 되어야 낡았다고 할 수 있을까? 사용승인 시점으로부터 10년이 넘었다면 노후화가 책임 제한 사유가 될 수 있고[53], 20년을 넘어가면 일반적으로 책임 제한 사유로 인정된다[54]. 준공된 지 기간이 오래될수록 책임제한 비율이 올라가는 경향이 있다. 낡은 건물일수록 가해자의 보존상 과실이 작기 때문이다. 윗집 소유자나 거주자가 건물의 자연적인 노화 현상을 막을 수는 없는 노릇이다. 입주자대표회의나 관리단이 노후 배관 등을 유지, 보수하는 데에도 한계가 있다. 노후화로 인한 누수의 책임은 가해자보다는 '시간'에게 있기에, 가해자의 책임은 줄어든다.

한편, **피해자의 관리 부족**도 책임 제한 사유다[55]. 누수 피해자가 손해 확대 방지를 위해 최대한의 노력을 다하지 않았다면, 손해 중 일부에 대한 책임은 피해자에게 있다. 그렇기에, 누수 피해자가 소송을 계획한다면 사전에 충분한 조치를 취해야 한다. 누수와 곰팡이로 인해 현장에 접근하고 싶지 않더라도 어쩔 수 없다. 현장에 가급적 지속 거주하고, 수시로 제습기를 가동하여 누수가 번지지 않게 해야 한다. 물론 이를 뒷받침할 동영상 등 증빙 자료를 필히 확보해두어야 한다. 이와 같은 조치 없이 피해자가 현장을 방치한다면, 배상액이 대폭 줄어들 수 있다.

**가해자의 노력** 또한 중요한 책임제한 사유이다. 가해자가 누수 피해 확대를 방지하기 위해 노력한 사정이 있다면 책임이 제한될 수 있다[56]. 일반적으로 아랫집에 누수가 발생하면 아랫집 소유자나 거주자는 누수 탐지업체에 원인 파악을 맡긴다. 검사 결과 윗집이 원인으로 나온다면, 아랫집에서는 윗집에 두 가지 공사를 요청한다. '윗집 원인 부위에 대한 누수 방지 공사'와 '아랫집 피해에 대한 복구공사'이다. 가령, '윗집의 원인 배관 보수 공사'와 '아랫집 피해 복구를 위한 도배'가 필요할 수 있다. 윗집이 적시에 둘 다 처리한다면 책임이 대폭 제한될 수 있다. 반대로, 윗집이 원인 배관 공사마저 거부하고 버틴다면, 아랫집 누수가 계속되어 피해가 확대된다. 이 경우, 윗집으로서는 추후 소송에서 책임 제한을 주장하기 어려워진다.

**기상 상황** 또한 살펴야 한다. 태풍이나 집중호우 등 자연재해가 책임제한 사유로 인정될 수 있다[57]. 누수 원인을 단순히 건물 하자로만 볼 수는 없다. 자연재해가 그 자체로 윗집 하자의 원인일 수 있고, 그렇지 않더라도 피해를 키울 수 있다. 윗집이나 입주자대표회의 등이 자연재해까지 책임질 수는 없는 노릇이다. 그렇기에 가해자로서는 누수 소송에서 기상 상황을 복기해볼 필요가 있다. 기상청 자료 등을 제출하여 강수량이 비정상적으로 높았던 사정을 입증한다면, 손해배상책임을 줄일 수 있다.

살펴본 바와 같이, 누수 사건에서는 여러 이유로 손해배상책임이 제한될 수 있다. 피해자의 방치, 가해자의 방지 노력, 자연재해 등의 사정이 있다면, 책임 제한의 폭이 더욱 커질 수 있다.

누수 피해자와 가해자로서는 이를 염두에 두고 대응해야 한다. **책임 제한을 고려하지 않고 섣불리 협상을 결렬시켜 소송으로 나아갔다가는 낭패를 볼 수 있다**. 적정 보수비가 1,000만 원이더라도 가해자 책임이 50% 제한되면 500만 원이다. 이 경우, 변호사비용을 지출하고 법원에 감정 비용을 내가며 소송을 수행할 실익이 크지 않다. 가해자의 책임이 제한될 여지가 있다면 피해자로서는 소송하지 말고 500만 원으로 협의하는 방안이 더 낫다. 설령 소송을 제기하게 되더라도, 책임 제한 가능성을 염두에 두고 청구금액을 정해야 한다. 1,000만 원 청구해서 500만 원만 인용되면 보통 소송비용을 각자 부담해야 한다. 즉, 피해자가 변호사 보수와 감정비용 중 절반 정도를 자부담해야 한다. 하지만 1,000만 원 중 500만 원만 청구해서 500만 원 인용되면 소송비용을 상당 부분 받아낼 수 있다[58]. 객관적인 보수비가 얼마인지 가늠한 후 책임 제한 가능성까지 고려하고 판을 짜야 한다.

# 정신적 고통에 대한 위자료

최근 '위자료'가 화제였다. 서울고등법원은 이혼 사건에서 역대 최대 금액의 위자료 판결을 선고했다. 무려 20억이다.

그렇다면 누수 피해에 대한 위자료는 어떨까? 피해자가 고액의 위자료를 기대하는 경우가 있다. 누수 피해 세대의 정신적 고통은 대단히 심각하다. 당사자에게는 재산상 손해보다 더 큰 손해일 수도 있다. 소송을 선택하게 만드는 직접적인 원동력이다. 피해자는 끊임없이 가해 세대와 싸워야 하고, 언제 해결되나 노심초사해야 한다. 물이 떨어지고 습기가 가득한 공간에서 생활하다 보면 고통이 가중된다. 곰팡이로 인한 건강 피해도 염려할 수밖에 없다. 질병을 앓고 있는 사람이라면 더더욱 스트레스를 받게 된다. 주거공간에서의 저녁과 주말은 즐거워야 하는 법인데, 오히려 고통의 공간으로 변모한다. 피해자로서는 20억까지는 아니더라도 상당한 금액을 받기를 희망하기 마련이다.

그러나 현실은 그렇지 않다. **누수 사건에서 위자료를 받기 쉽지 않고, 금액도 그다지 크지 않다.**

우선 위자료 청구의 요건이 충족되어야 한다. ① 재산상 손해배상으로 회복될 수 없는 정신적 손해가 발생하고, ② 가해자가 그와 같은 사정을 알았거나 알 수 있었어야 한다[59]. **장기간 심각한 누수 피해**가 발생하여 생활에 지장이 생긴다면, 재산상 손해 배상으로 회복될 수 없는 정신적 손해가 발생했다고 볼 수 있다. 피해자가 가해자에게 **보수를 요청하였음에도 거절**당하였다면, 가해자가 피해자의 정신적 고통이 발생한 사정을 알았거나 알 수 있었다고 평가할 수 있다[60].

나아가, 숨은 요건이 하나 더 있다. **거주자**만이 위자료를 청구할 수 있다. 아랫집에 누수 피해가 발생한 경우, 직접 거주한 아랫집 소유자나 세입자만이 위자료를 받을 수 있다. 아랫집에 세를 놓은 상태라면, 아랫집 소유자는 위자료 청구권자가 아니다. 아랫집 소유자가 임대한 상태로 윗집과 누수 문제로 교섭하느라 힘들었다고 해도 마찬가지다. 살면서 누수로 직접 정신적 고통을 경험한 사람만이 청구권자다.

위자료 청구 요건이 모두 충족되었다면, 얼마를 받을 수 있을까? 당연히 사건마다 다르다. 누수가 장기간 해결되지 않았고, 누수가 심각하고, 피해자의 정상적인 주거생활이 어려울수록 금액이 커진다. 액수를 입증하기 어려운 재산상 손해가 있다면, 이를 반영하여 위자료를 증액할 수 있다[61]. 피해가 발생한 집 안에 거주하던 미성년 자녀에게 건강 피해가 발생하였을 개연성이 있다면, 위자료 증액 가능성이 있다[62]. 피해 세대 거주자들이 복구공사로 인해 장기간 외부에 거주해야 한다면, 위자료가 올라갈 여지가 있다[63]. 정신적 고통을 야기할 요소가 많을수록 더 큰 금액을 받을 수 있다.

그러나 아무리 많은 사유가 인정되어도 누수 사건에서 위자료 액수가 500만 원을 넘기기는 어렵다. 일반적으로는 위자료 청구 자체가 기각되거나, **100만 원에서 300만 원 정도**가 인용된다. 피해자들은 입을 모아 정신적 고통에 비해 너무나도 적은 금액이라고 말한다. 여기에는 이유가 있다. 법원은 재해나 사고로 사람이 죽어도 8,000만 원 정도를 위자료로 인정해왔다[64]. 많아도 1억 원 정도다. 즉, 구조적으로 위자료라는 항목에 고액을 책정하지 않고 있다. 그러다 보니 누수 위자료는 500만 원에도 미치지 못하는 수준이다.

그렇다면, 서두에서 언급했던 20억의 위자료는 어떻게 산정되었을까? 대법원은 유책배우자에 대한 위자료 액수 산정에 '배우자의 재산상태'를 참작 요소로 보고 있다[65]. 그러다보니 배우자 재산이 많으면 유책배우자에 대한 위자료 액수 또한 커진다. 하지만 의문이 남는다. 사람이 죽어도 1억을 받기 어려운데, 누군가의 이혼으로 인한 정신적 고통은 일반인의 죽음보다 20배나 클까? 누수를 비롯한 의자료 체계 전반에 대한 재고가 필요한 대목이다. 향후 법원의 현명한 판결을 기대하고자 한다.

# 승소 후
# 집행의 문제

판결문을 받아도 끝이 아니다. 판결문은 법 문서이지 마법 문서가 아니다. **법원이 판결 선고한다고 알아서 피해자 계좌에 돈이 꽂히지는 않는다**. 승소 후 실제로 돈을 받아내야 사건이 끝난다. 즉, 승소 판결문의 내용을 '집행'해야 한다.

그래도 누수에 대한 손해배상 청구는 집행으로 걱정할 일이 많지 않다. 손해배상 청구에 대해 일부 또는 전부 승소 판결이 선고될 경우, 다 갚을 때까지 **연 12%의 지연손해금**이 발생한다[66]. 일반적인 예·적금이나 대출 이자와는 차원이 다르다. 패소한 가해자가 손해배상금을 빨리 내지 않으면, 지연이자가 순식간에 불어나게 된다. 가해자로서는 빨리 갚아야 손실을 최소화할 수 있다. 그러다보니 **가해자가 판결 선고 직후 알아서 돈을 내는 사례가 많다**.

설령 가해자가 버티더라도 집행이 어렵지 않다. 피해자로서는 승소 판결문이 있으면 가해자의 **부동산에 대한 경매**를 신청해버릴 수 있고, **예금통장을 압류**할 수 있다. 가해자에게 재산이 없다면 피해자가 집행하기 어렵겠지만, 누수 사건 특성상 그와 같은 사례는 거의 없다. 윗집 상대로 소송했다면, 윗집 소유 부동산을 경매해버리면 된다. 입주자대표회의 상대로 손해배상을 청구했다면, 입주자대표회의의 관리비 계좌를 압류하면 된다. 배상액이 윗집이나 입주자대표회의의 재산보다 크다면 집행할 수 없겠지만, 그와 같은 경우는 상상하기 어렵다. 누수로 인한 배상액은 일반적으로 5,000만 원을 넘기 어렵다. 즉, 일반적으로 파산을 유발할 만한 금액은 아니다. 집행 가능한 금액이다.

# 피해 세대 임대인과
# 임차인 간의 관계

지금까지 피해 세대가 윗집이나 입주자대표회의 등을 상대로 제기하는 손해배상 청구 소송을 살펴보았다. 앞서 살펴본 바와 같이, 피해 세대 소유자가 집을 임대한 상태라면 손해의 종류마다 청구권자가 다르다. 피해 세대 소유자는 세대 내부 보수비 등을, 피해 세대 세입자는 이사비·보관비·위자료 등을 청구할 수 있다. 즉, 피해 세대 소유자는 피해 세대 자체에 발생한 재산상 손해를, 피해 세대 세입자는 누수로 인해 거주 과정에서 입은 피해를 배상받을 수 있다.

그렇다고 끝이 아니다. 피해 세대 소유자와 세입자 간의 문제가 남아있다. '가해자와 피해자 간의 관계'와 '임대인과 임차인 간의 계약'은 별개다. 피해 세대 임차인이 누수로 인해 임차 부동산을 사용·수익하지 못하였다면, 임대인이 계약상 의무를 다했다고 볼 수 없다. 가령, 윗집 소유자가 아랫집 소유자에게 손해배상금을 지급하였더라도, 아랫집 소유자(임대인)는 아랫집 임차인에게 별도의 손해를 배상해야 할 수 있다. 이들 간에도 정산이 필요하다.

우선, 피해 세대 세입자가 **누수로 인해 거주하지 못했다면**, 그 기간 몫의 **월세를 낼 필요가 없다**. 월세는 사용·수익에 대한 대가이다. 세입자가 누수 때문에 주택을 정상적으로 사용·수익하지 못했다면, 임료를 낼 이유가 없다. 누수가 윗집 잘못으로 인해 발생했더라도 마찬가지다. '아랫집과 윗집 간의 관계'와 '아랫집 임대인과 임차인 간의 관계'는 별개다. 아랫집 임차인이 거주하지 못했다면, 임대인에게 임료를 내지 않아도 된다.

나아가, 피해 세대 세입자가 피해 세대 소유자를 상대로 위자료를 받을 여지도 있다. 만약 아랫집 임대인이 누수를 해결하기 위한 노력을 다하지 않았다면, 아랫집 임차인의 정신적 고통으로 인한 손해를 배상해야 한다. 즉, 아랫집 소유자가 최소한 윗집을 상대로 교섭 시도는 해야 했다. 그조차 하지 않았다면, 아랫집 소유자는 아랫집 세입자에 대한 계약상 의무를 다하지 않아 정신적 고통을 유발하였다고 보아야 한다[67].

## 가해 세대의
## 해결책

한편, 윗집 소유자로서는 즐거울 리가 없다. 자기가 특별히 잘못하지도 않았는데 가해 세대로 판명되어 아랫집에 돈을 물어줘야 한다면 답답할 수밖에 없다. 현실적으로 가해 세대 소유자가 보이지 않는 배관을 점검하여 누수를 막기는 어렵다. 그런데도 윗집 배관 부실시공이나 노후화로 아랫집 손해를 배상해주라고 하면, 거부감이 들 수밖에 없다.

다행히 이를 대비할 방법은 있다. **일상생활배상책임보험** 가입이다. 윗집이 보험에 가입한 상태로 아랫집에 누수 피해가 발생했다면, 보험사는 '손해방지비용'과 '손해배상금'을 지급해야 한다. '손해방지비용'은 말 그대로 추가적인 손해를 방지하기 위한 비용이고, '손해배상금'은 피해 세대에 대한 손해배상금이다. 즉, 보험사는 '윗집의 파손된 부위에 대한 보수비'와 '윗집이 아랫집에 지급해야 하는 손해배상금'을 부담하게 된다.

한편, **신축** 집합건물에서 누수가 발생했다면 다른 해결 방법이 있다. 윗집 부실시공이 아랫집 누수 피해의 누수 원인이었다면, 윗집은 **시행사와 시공사에게 책임을 추궁**할 수 있다. 우선, 손해의 원인에 대해 책임 있는 시공사에게 구상권을 행사할 수 있다[68]. 나아가, 시행사에게도 손해배상을 청구할 수 있다. 시공사의 부실시공이 원인이고 별도의 특별한 사정이 없다면, 시행사 또한 시공사와 '부진정연대 채무'를 부담하게 된다[69]. 이 경우, 윗집 소유자로서는 시행사와 시공사 누구를 상대로든 돈을 받을 수 있게 된다. 가령, 윗집 소유자가 아랫집에 손해배상금으로 3,000만 원을 물어줬다면, 윗집 소유자는 시행사로부터 3,000만 원을 받아도 되고, 시공사로부터 받아도 된다.

## 2. 누수 방지 공사 청구

앞서 누수 피해에 대한 손해배상 청구 소송에 대해 살펴보았다. 이와 같은 소송에서의 주요 쟁점인 가해자, 누수 원인, 손해액에 대해 중점적으로 설명하였다. 가해자를 정확하게 특정하고, 소송에서 누수 원인과 손해액을 주장, 증명하면 손해를 배상받을 수 있다.

그런데 손해배상만 청구하면 그래도 다행이다. 누수 피해자가 정말 답답할 때가 있다. 피해 세대 복구비를 받지 못할 때도 아쉽지만, 누수가 멎지를 않는 경우는 더하다. 모든 누수에는 원인이 있고, 원인 부위를 보수하여야 누수가 멈춘다. 그런데 가해자가 누수 원인을 보수하지 않는 경우가 있다. 가령, 윗집 전용배관이 누수 원인이면, 윗집이 자기 세대 내부의 전용배관을 보수해야 한다. 윗집이 방치하면 아랫집의 피해가 계속될 수밖에 없다. 아랫집 내부 복구공사를 하더라도 윗집 원인 부위를 그대로 두면 아랫집에 다시 피해가 발생할 수밖에 없다. 아랫집으로서는 윗집 문을 따고 들어가 공사할 수도 없는 노릇이다. 어떻게든 윗집이 공사를 하게 만들어야 한다. 어떻게 해야 할까?

# 방지 공사
# 이행 청구 소송

　가해자가 누수 원인을 방치하여 누수 피해가 계속되는 경우, 누수 방지 공사 이행 청구 소송이 가장 정석이다. 손해배상 청구 소송을 진행한다면, 별도 소송을 진행할 필요가 없다. 하나의 소송에서 손해배상과 누수 방지 공사를 같이 청구하면 된다. 즉, 하나의 소송에서 두 개의 청구를 할 수 있다.

　소송까지 가면, **보통 가해자가 판결 선고 전에 누수 원인 부위를 보수한다**. 방치해봤자 손해이기 때문이다. 누수가 계속되면 피해 세대 내부가 더 썩게 되고, 가해자가 물어줘야 할 보수비만 커진다. 가해자가 소송에서까지 굳이 버틸 실익이 없다 가해자가 보수를 마친다면, 피해자는 방지공사 이행 청구를 취하하고 손해배상 청구만 유지하면 된다. 알아서 공사해주면 피해자가 더 이상 머리를 싸맬 필요도 없다.

　만약 **가해자가 소송에서도 끝까지 버틴다면** 어떻게 해야 할까? 우선, 손해배상 청구와 마찬가지로 가해자를 정확히 특정하고, 누수 원인을 입증해야 한다. 여기에 더하여, 공사이행 청구에서 승소하려면 **필요한 공사를 특정**해야 한다. 단순히 '방지공사'라는 표현만으로는 부족하다. 정확히 어떠한 부위에 어떠한 공사를 해야 하는지 밝혀야 한다. 그 방법은 결국 **법원 감정**이다. 감정을 신청할 때 감정할 사항에 '누수 원인'과 '보수비'뿐만 아니라 '누수를 근본적으로 방지하기 위한 공사 방법'을 넣어야 한다. 그렇게 하면, 감정인은 보통 구체적인 보수 방법을 제시한다. 가령, '윗집 주방 바닥 타일을 철거한 후 프라이머를 포함한 우레탄 방수공사 및 모르타르 공사를 시행하고 타일을 재시공하는 작업'과 같은 식이다[70]. 이와 같은 방법으로 공사 내용까지 특정해야 방지공사 이행 청구에서 승소할 수 있다.

# 방수공사 집행과 간접강제

방지공사를 청구하여 승소 판결을 받아도 끝이 아니다. 손해배상 청구 소송과 마찬가지로, 판결 후 집행의 문제가 남아있다. 어떻게 집행할까?

우선, 피해자는 '대체집행' 결정을 신청할 수 있다[71]. 이는 **법원이 피해자 대신 집행**한다는 취지의 결정이다. 피해자가 직접 가해 세대 문을 따고 들어가서 공사할 수 없으니 법원의 손을 빌리는 방법이다. 피해자가 대체집행을 신청하고 집행 비용을 선납하여 결정문을 받으면, 법원 소속 집행관이 보수공사를 진행하게 된다. 집행관은 보통 현장을 방문하여 집행 방법 등을 검토하고, 업체에 공사를 맡긴 후 이를 지휘한다. 집행을 완료하고 나면 피해자는 가해자에게 집행 비용을 받아낼 수 있다[72].

가해자가 알아서 공사하게 만드는 방법도 있다. '간접강제'다. **가해자가 스스로 방지공사를 마칠 때까지 주기적으로 손해배상금을 물리**

는 '**간접**'**적인 방법**으로 공사 이행을 '강제'하는 방안이다. 가령, '가해자는 피해자에게 누수 방지공사 이행완료일까지 1일당 50,000원을 지급하라'는 식이다.73 간접강제 결정이 내려지면, 가해자로서는 손실 확대를 막기 위해 빨리 방지공사를 할 수밖에 없다. 1개월만 공사를 미뤄도 150만 원이다. 간접강제 청구는 인용되기만 한다면 가해자가 신속하게 공사하게 만드는 효율적인 수단이다.

하지만 **간접강제 청구는 아무 때나 받아주지 않는다**. 방지공사 이행 청구 소송 과정에서 간접강제를 청구하는 경우, 법원은 일반적으로 방지공사 이행 청구는 인용하면서도 간접강제 청구는 기각한다. 피해자가 방지공사를 청구하여 승소한 후 **일정 기간 집행에 실패해야 비로소 간접강제를 노려볼 수 있다**.

그 이유는 간접강제 청구의 요건에 있다. 그런데 간접강제 청구가 인용되려면, ① 강제할 대상이 '부대체적 작위의무'에 해당해야 하고, ② 상대방이 이를 자발적으로 이행할 가능성이 없음이 명백해야 한다.

①의 '부대체적 작위의무'는 무엇일까? 대체할 수 없고 적극적으로 무언가를 해야 하는 의무이다. 다른 사람이 대신해줄 수 없고(부대체적), 가만히 내버려두기보다 적극적인 행위를 해야 하는 의무이다(작위의무).

그런데 방지공사 이행 청구 승소 판결을 받기 전에는 ① 요건이 인정되기 어렵다[74]. 앞서 설명한 바와 같이, 피해자로서는 승소 판결을 받은 후 '대체집행'을 시도해볼 수 있다. 즉, 법원의 집행관을 통해 대신 집행에 나설 수 있다. 부대체적 작위의무라고 단정하기 어려운 상황이다.

그러나 대체집행에 실패한 상태라면 ① 요건이 인정되기 쉽다. 윗집에서 문을 열어주지 않는 등의 사정으로 집행관이 대체집행하지 못했다면, 결국 윗집만이 보수 공사할 수 있다. 즉, '부대체적 작위의무'에 해당하게 된다.

② 요건 역시 마찬가지다. 방지공사 청구에 대한 판결이 나오기 전까지는 가해자가 끝까지 버틸지 알 수 없다. 가해자가 자기 책임인지 불분명하여 공사를 거부했을 수도 있기 때문이다. 판결을 통해 책임 소재가 명확해지면 비로소 가해자가 공사하게 될 가능성이 있다. 즉, 방지공사 이행 청구 판결 전에는 '상대방이 이를 자발적으로 이행할 가능성이 없음이 명백하다'고 보기 어렵다.

그러나 대체집행까지 수포가 되었다면 ② 요건이 충족된다. 대체집행조차 불가할 정도로 가해자가 완강하게 거부한다면, 당연히 가해자에게 자발적인 공사 의지가 없다고 보아야 한다.

정리해보면, 간접강제 청구는 효과적인 수단이지만 초기에 쓰기는 어렵다. 방지공사 이행 청구가 인용되고, 가해자가 자발적으로 공사하지 않았는데, 대체집행조차 실패했다면, 그때에야 활용할 만 하다.

# 형사 고소

지금까지는 누수 방지공사를 강제하기 위한 민사상 절차에 대해서 살펴보았다. 방지공사 이행 청구의 소는 당사자 간의 민사소송이고, 대체집행은 그와 같은 민사소송에 따른 판결을 집행하기 위한 수단이며, 간접강제 또한 마찬가지로 판결의 내용을 실현하기 위한 도구다. 이들은 모두 대등한 당사자 간에 민사법원에서 분쟁을 해결하기 위한 수단이다.

그래도 가해자가 방지공사를 하지 않고 버티는 경우, 피해자에게는 한 가지 방법이 더 있긴 하다. **형사 고소**다. 가령, 윗집 소유자가 아랫집에 누수 피해가 발생한다는 사실을 알고도 방치하여 아랫집에 재산상 손해가 발생했다면, 수사기관에 윗집 소유자를 재물손괴죄로 처벌해달라는 내용의 고소장을 내면 된다. 다만 쉬운 길은 아니다.

물론, **실제로 처벌되기가 쉽지는 않다**. 우선, 처벌 대상 특정부터 간단하지 않다. 가해 세대 소유자가 아니라 소유자의 배우자는 처벌 대상이 아니다. 도덕적인 책임은 있겠지만, 법적으로 보수·관리 책임을 부담한다고 보기 어렵기 때문이다[75]. 가해 세대에 거주하는 소유자를 상대로 고소해야 한다. 그 다음으로, 누수 원인이 명확하게 밝혀지지 않았다면 재물손괴죄가 성립하지 않는다. 가령, 단순히 누수 원인을 윗집 소유자로 추측할 수 있는 수준이라면, 윗집 소유자의 보수 의무를 인정하기 어렵다. 이 경우, 윗집 소유자에게 재물손괴의 고의를 인정할 수도 없다. 그렇기에, 윗집 소유자가 민사소송을 통해 누수 원인이 명확히 규명될 때까지는 보수하지 않고 버티더라도 재물손괴죄로 처벌하기 어렵다[76, 77]. 윗집이 자기 집 하자로 인해 아랫집에 누수 피해가 발생하고 있음을 알면서도 고의적으로 방치해야 재물손괴죄가 성립할 수 있다[78]. 고소한다고 다 처벌되지는 않는다.

설령 재물손괴죄가 인정되어도, **처벌 수위가 높지 않다**. 전과가 없다면 1,000만 원 이내의 벌금형이 일반적이다. 끝까지 누수 고쳐주지 않고 버텼다고 해서 감옥 보내기는 어렵다. 재물손괴죄가 성립하기도 어렵지만 혐의가 인정되어도 효과가 크지는 않다.

그래도 고소해볼 실익은 있다. 처벌 가능성이 크지 않고 형량이 과중하지 않더라도, 일반적인 사람으로서는 상당한 **압박**을 받을 수밖에 없다. 세상에 수사기관에 추궁받고 싶은 사람은 없다. 경찰과 검찰에 조사받으러 가기만 해도 스트레스를 받는다. 만에 하나라도 재물손괴죄로 유죄 판결을 받는다면 전과가 생긴다. 흔히 말하는 '빨간 줄'이다. 누수 문제로 기꺼이 전과를 감수할 사람은 많지 않다. 가해자가 이를 피하기 위해 수사 과정에서 미뤄왔던 보수에 나서게 될 수 있다.

## 3 공용부분 보수비 청구

윗집 전유부분 하자로 아랫집에 누수 피해가 생겼는데 윗집이 고쳐주지 않으면, 아랫집에서 자체적으로 보수할 수는 없다. 윗집에서 문을 열어주지 않으면 아랫집이 자비로 공사하고 싶어도 할 수 없다. 윗집이 자체적으로 공사하게 만들거나, 윗집을 상대로 방지공사 이행 청구 소송을 제기해야 한다.

그런데 **공용부분** 하자가 누수 원인이라면 다르다. 관리단·입주자대표회의·관리사무소장에게 누수 방지공사 이행을 청구하는 방법도 있지만, **피해자가 직접 고치고 비용 청구하는 방법**도 있다. 윗집은 강제로 문을 따고 들어가 공사할 수 없지만, 공용부분은 공사를 가로막을 사람이 없다. 관리사무소장 등이 빨리 고쳐주지 않는다면, 누수 피해자가 빨리 조치해버려도 된다. 누수 때문에 급해서 외벽 균열 메운다는데 관리사무소장이 이를 막을 이유가 없다. 피해자로서는 더 기다릴 필요 없이 먼저 고쳐버리고 입주자대표회의, 관리사무소장, 관리단 등에게 비용을 받아내면 된다.

보통은 하나의 소송에서 입주자대표회의 등을 상대로 공용부분 보수비와 손해배상을 같이 청구하게 된다. 가령, 옥상 방수층 균열로 최상층 세대 내부 천장이 젖은 경우를 가정해보자. 피해자는 세대 내부와 옥상 방수층의 사진과 동영상을 촬영해두고, 세대 내부 도배 공사와 옥상 방수 공사를 위해 세부적인 견적과 소견서를 받아둔 후, 비용을 들여 공사한 다음, 입주자대표회의 등을 상대로 소송을 제기하여, 누수 원인과 지출한 비용의 적정성 등을 감정하면 된다.

이때 눈여겨볼 점이 있다. 공용부분 보수비 청구는 손해배상 청구와 별개다. 둘 다 같이 청구할 수도 있지만, 엄연히 별도의 청구다. 그렇다보니, 법리가 달리 적용된다. '손해배상' 청구에는 '손해배상' 책임 제한 법리가 적용되지만, 공용부분 보수비 청구에 대해서는 그렇지 않다[79]. 즉, 세대 내부 도배 비용 명목의 손해배상 청구는 일부만 인용되더라도, 옥상 방수공사비 명목의 청구는 전액 인용될 수 있다. '손해배상'은 오롯이 상대방 책임이라 보기 어려우니 책임을 제한할 수 있지만, '공용부분 보수비'는 다른 소유자들 몫까지 선지출한 비용이니 제한할 대상이 아니다. 자기 세대 내부 보수비를 전부 받아내기는 어렵지만, 먼저 지출한 공용부분 보수비는 전액 받기 쉽다.

상가 임대인과 임차인 간에도 누수 분쟁이 빈번하다. 임차인은 부동산을 정상적으로 사용·수익하기를 기대하지만, 누수가 발생하면 그 기대가 무너진다. 임차인은 임대인에게 누수 해결을 요청하고, 월세 납부를 거부하며, 영업 손실에 대한 배상을 요구하게 된다. 반대로 임대인으로서는 속이 탄다. 수익을 내려고 임대했는데, 월세를 받기는커녕 비용을 들여 보수하라 하면 답답할 따름이다. 여기에 영업 손실 등 기타 손해를 배상하라는 요구까지 받아들이기 쉽지 않다. 서로의 입장이 워낙 다르기에, 악감정이 쌓여간다. 결국 임차인은 임대차계약을 해지하고 임대차보증금 반환과 함께 손해배상을 청구하게 된다. 임대인은 임대차보증금에서 밀린 임료를 빼겠다고 맞선다. 이 과정에서 누수의 책임 소재, 임대차계약 해지 여부, 손해의 종류와 액수 등을 둘러싸고 첨예한 분쟁이 발생한다. 이 유형에 대해 하나하나 살펴보고자 한다.

# 1  수선의무

앞서 살펴봤던 바와 같이, 공동주택 층간 누수 사건에서는 '누수 원인'에 따라 사건 진행 방향이 달라진다. 원인이 윗집 전유부분이면 윗집이 누수를 책임져야 하고, 외벽이면 입주자대표회의 등에 보수 의무가 있다. 즉, 원인을 알면 '가해자'가 결정된다. 손해액 등 다른 쟁점은 부차적인 문제다. 누구에게 책임이 있는지 먼저 밝혀야 얼마를 받을 수 있는지를 따질 실익이 있다. 일단 원인을 알아야 사건의 전체적인 구도를 파악할 수 있다.

상가 임대차 사건에서는 어떨까? 누수 원인보다 중요한 요소가 있다. '수선의무'다. 수선의무 위반 여부에 따라 임대차 누수 사건의 전체적인 구도가 결정된다. 임대인이 수선의무를 위반하였다면, 임대인이 '가해자'고 임차인이 '피해자'라고 보면 된다. 반대로 임대인에게 수선의무가 없거나 이를 면한다면, 그렇지 않다. 수선의무 위반 여부에 따라 사건의 전반적인 결과가 바뀐다. 필요비,

손해배상, 임료 등 각종 세부 쟁점의 결론이 뒤바뀐다. 그렇기에, 누수 사건에서의 수선의무에 대해 우선 살펴보고자 한다.

# 임대인의
# 수선의무

임대인은 어떠한 경우에 수선의무를 부담하고, 어떠한 경우에 면할까? 우선, 수선의무의 근거가 무엇인지 살펴야 한다. 민법 제623조다. 이에 따르면, 임대인은 임차인이 계약 기간에 임대차 목적물을 사용, 수익할 수 있는 상태를 유지해야 한다. ① 그런데 건물 하자가 임차인이 별 비용을 들이지 아니하고도 손쉽게 고칠 수 있을 정도로 사소하다면, 임차인은 부동산을 사용·수익하는 데에 큰 지장이 없다. 이 경우, 임대인이 그와 같은 경미한 하자에 대해서까지 수선의무를 부담하지는 않는다. 임대인이 사소한 하자를 보수하지 않더라도 사용할 만한 상태이기 때문이다. 가령, 임대한 점포의 형광등이 하나 나간 경우, 사소한 하자에 불과하므로 임대인이 갈아주지 않아도 된다. 임차인이 알아서 해결해야 한다. ② 이와 달리, 보수하지 않으면 임차인이 목적대로 사용·수익할 수 없을 정도의 하자가 있다면, 임대인은 수선의무를 부담한다. 즉,

임차인의 사용에 지장이 생길 정도라면, 임대인이 이를 보수하여야 한다[80]. 예를 들어, 임대한 점포의 천장이 무너졌다면, 당연히 임대인이 고쳐줘야 한다.

그렇다면, 누수는 두 가지 중 무엇에 해당할까? 후자다. 임차한 점포에서 물이 뚝뚝 떨어지면 영업에 지장이 생길 수밖에 없다. 즉, 누수로 인해 임차인의 목적에 따른 사용·수익이 어려워진다. 고치기 쉽지도 않다. 십중팔구 업자를 불러서 보수해야 한다. 사소한 하자라고 볼 수 없으므로, 임대인이 원칙적으로 이를 보수하여야 한다. 즉, **누수에 대한 수선의무**는 특별한 사정이 없으면 **임대인에게** 있다.

물론, 예외도 있다. **임차인 잘못으로 누수가 발생했다면, 임대인에게 수선의무가 없다**. 가령, 임차인이 인테리어 공사 과정에서 배관을 건드려 누수가 발생했다면, 임차인이 결자해지해야 한다. 임대인이 임차인의 공사로 인한 누수까지 보수해줘야 할 이유가 없다. 원칙적으로 누수에 대한 수선의무는 임대인에게 있지만, 임차인이 누수를 유발했다면 임차인이 이를 보수하여야 한다[81].

임차인의 공사가 누수 원인이라면 임차인 책임이지만, 임대인이 그와 같은 주장을 함부로 하면 안 된다. 임대인은 원칙적으로 누수를 보수해야 하고, 다만 예외적으로 임차인 때문에 누수가 발생했다면 임차인이 고쳐야 한다. 그렇기에, 임대인이 별도로 누수 원인이 임차인의 공사임을 입증하지 못한다면, 임대인이 그대로 수선의무를 부담한다[82]. 즉, 임대인이 법원 감정 등의 방법을 총동원하여 임차인 잘못으로 누수가 발생했음을 분명히 밝혀야 한다. 만약 입증에 실패한다면, 임대인에게 역효과가 발생한다. **임대인이 임차인에게 누수 책임을 전가하려 하면, 수선의무 위반에 해당할 수 있다**[83]. 즉, 수선의무를 면하려다가 수선의무 불이행으로 낙인찍히게 될 수 있다. 임차인이 누수를 유발하였음이 확실하지 않다면, 임대인으로서는 임차인의 보수 요청을 받아주는 편이 유리하다. 함부로 책임을 떠넘기려 하다가 역풍을 맞을 수 있다. 임대인으로서는 수선 요청을 거절하기에 앞서 누수 탐지 등을 통해 원인을 분명하게 파악해두어야 한다.

# 수선의무
# 면제 특약

임대인이 특약을 통해 수선의무를 면하려 하는 경우가 있다. 임대인이 노후 건물을 임대하여 누수가 발생하면, 임차인으로부터 보수 요구를 받는다. 임대인으로서는 고쳐주느라 고생하고 나면 같은 상황을 반복하고 싶지 않게 된다. 재계약하거나 다른 임차인을 받을 때는 누수에 대해 책임지지 않겠다는 의사를 밝히는 경우가 있다. 계약서에 **특약**으로 "누수 발생 시 이의를 제기하지 않는다"라는 문구를 넣기도 한다. 이 경우, 임대인은 수선의무를 면할 수 있을까?

우선, **소규모 수선의무는 면할 수 있다**. 즉, 옥상에 방수 페인트를 일부 덧칠하는 정도의 간단한 공사가 필요하다면, 임대인은 특약에 따라 책임을 피할 수 있다[84]. 실리콘만 좀 쏘면 끝날 정도라면, 임차인도 얼마든지 공사할 수 있다. 반드시 임대인만이 할 수 있는 공사가 아니다. 임차인이 직접 공사하기 어려운 수준이 아니니 특약으로 임차인에게 공사 의무를 부담시킬 수 있다. 이 경우, 당사자끼리 합의했으면 그대로 처리하면 된다.

그러나 **대규모 수선의무는 원칙적으로 특약으로 면할 수 없다.** 천장을 뜯어내고 배관을 교체하는 정도의 대규모 공사가 필요한 경우, 임대인은 특약이 있더라도 원칙적으로 책임을 피하기 어렵다[85]. 현실적으로 임차인이 임대인 소유 건물을 두고 대규모 공사를 벌이기는 어렵다. 이에 대한 공사까지 임차인에게 기대할 수는 없다. 임차인이 누수에 대해 책임지기로 특약했었다고 하더라도, 대규모 공사까지 임차인이 부담하기로 했다고 보기는 어렵다.

대수선 의무는 아주 예외적인 경우에만 특약으로 면할 수 있다. 대법원은 "특약에서 수선의무의 범위를 명시하고 있는 등의 특별한 사정이 없는 한" 대수선 의무가 임대인에게 있다고 보았다[86]. 즉, 특약에 수선의무를 아주 구체적으로 명시했다는 등의 특별한 사정이 있다면, 임대인이 대수선의무를 면할 여지가 있다. 단순히 '누수에 대해 이의를 제기하지 않는다'라는 내용만으로는 부족하다. 보다 **구체적이고 명확한 특약**이 필요하다. 가령, '2층 배관 파손으로 인한 누수에 대해서 임대인은 수선의무를 면하는 특별한 사정이 있다'는 식의 문구를 넣으면, 임대인이 그 부위에 대한 **수선의무를 면하게 될 여지**가 있다.

그렇다면, 누수 피해가 크다면 면제 특약은 무용지물일까? 그렇지는 않다. 비록 임대인이 대수선 의무에서 벗어나기는 어렵더라도, 여전히 실익은 있다.

우선, 수선의무 면제 특약으로 임차인이 입증 책임을 부담하게 된다. 앞서 살펴본 바와 같이, 특약이 없다면 임차인은 누수 원인을 밝힐 필요가 없다. 누수가 발생했으면 원칙적으로 임대인은 수선의무를 부담한다. 임대인이 별도의 입증을 통해 임차인 잘못으로 누수가 발생했음을 밝혀야 책임을 피할 수 있을 뿐이다. 하지만 특약이 있다면 다르다. 이 경우, 임차인이 대수선이 필요하다는 점을 입증해야 한다. 어느 부위에 어떠한 공사가 필요한지, 공사비를 얼마나 지출하였는지, 공사 기간은 얼마나 되었는지 등을 제시해야 한다. 이를 위해서는 임차인이 먼저 감정비용을 선납하고 감정 절차를 진행해야 하고, 감정 결과 대규모 수선이 필요하다고 나와야만 임대인이 수선의무를 부담한다. 기껏 임차인이 감정까지 진행했는데 소규모 수선으로 충분하다고 나오면 임대인은 수선의무를 면한다. 임대인이 임대차계약서에 **특약을 넣어놓으면**, 추후 소송의 **입증 문제에서 방패를 얻는 셈**이다.

또한, 임대인은 특약으로 손해배상액을 줄일 수 있게 된다. 특약에 누수에 대한 언급이 별도로 있다면, 임차인이 누수 발생 가능성을 인지하고 계약을 체결하였다고 보아야 한다. 임차인이 누수 피해를 감수하였으니 손해액 전액을 임대인에게 받아내기 어려워지게 된다. 임차인이 알고 들어왔으니 임차인 책임도 있다. 그렇기에, 법원은 **누수 특약이 있는 사건에서 임대인의 손해배상책임을 제한**하는 경향이 있다[87].

# 누수를 해결해야
# 수선의무 이행 완료

임대인에게 수선의무가 있다면, 임대인에게 책임이 있음은 쉽게 알 수 있다. 그러나 '수선의무'는 추상적인 단어다. 임대인은 구체적으로 무엇을 해야 할까? 뭘 해야 수선의무를 다했다고 볼 수 있을까?

임대인과 임차인이 이를 둘러싸고 다투는 경우가 많다. 임대인은 나름 보수공사를 시도했지만, 누수가 계속 발생할 수 있다. 이 경우, 임차인은 임대인의 노력이 부족하다고 주장하고, 임대인은 충분하다고 맞서게 된다. 즉, 임차인은 누수를 해결하지 못했으니 임대인이 수선의무를 이행하지 못했다고 주장하고, 임차인은 보수공사를 했으니 수선의무 이행을 마쳤다고 다툰다. 이 경우, 임대인은 수선의무를 다했다고 평가할 수 있을까?

**과정보다 결과다. 누수를 해결해야 한다.** 가령, 임대인이 2차례에 걸쳐 방수공사를 했고 수차례에 걸쳐 현장점검을 했더라도, 누수가 계속된다면 수선의무 위반에 해당한다[88]. 보수 자체가 가능하다면, 수선의무 이행을 위해 노력했다는 사정만으로는 부족하다. 적합한 보수공사를 하지 않았을 경우, 수선의무 위반에 해당한다.

이와 달리 본다면, 부당한 결과가 발생한다. 임대인이 보수공사를 시도한 사실이 있더라도, 누수가 계속되면 임차인에게 피해가 발생한다. 즉, 임대인이 보수를 위한 노력을 했더라도, 임차인이 누수로 인해 정상적으로 부동산을 사용할 수 없다는 점에는 변함이 없다. 임대인이 보수를 시도한 사실만으로 책임을 면한다고 본다면, 임차인에게 잘못이 없음에도 손해가 전가된다. 나아가, 이와 같은 상황에서 임대인의 수선의무 위반을 인정하지 않는다면, 임대인이 보수를 위해 필요한 노력을 다하지 않을 것이다. 보여주기 식으로 적은 비용만 투입하여 공사해도 책임을 회피할 수 있으면, 정말 필요한 공사를 주저하게 된다. 이와 같은 결과를 방지하기 위해서라도, 임대인이 누수를 해결해야 수선의무를 이행했다고 평가해야 한다.

임대인으로서는 이를 명심해야 한다. 보수공사를 하였더라도 수선의무 위반에 해당할 수 있다. 임대인은 필요한 공사를 하여 누수를 막아야 비로소 수선의무 이행을 완료했다고 볼 수 있다. 임대인이 적합한 공사를 하지 않아 누수가 계속된다면, 수선의무 위반에 해당한다. 임대인으로서는 큰 비용을 투입해서라도 조기에 누수를 막아야 한다. 돈을 아끼고자 임시방편에만 의존한다면, 더 큰 비용을 지출하게 될 수 있다. 최대한의 노력을 기울여 누수를 조기에 잡아야 한다. 선뜻 내키지 않겠지만 이것이 가장 경제적인 방법이다.

## 2 임대인이 수선의무를 위반할 경우의 효과

 임대인이 수선의무를 위반하였다면, 어떻게 될까? 일단 임대인은 임대차계약상의 의무를 다하지 않았으므로, 계약 불이행에 따른 책임을 부담하게 된다. 임차인은 손해배상을 청구할 수 있고, 계약을 해지할 수 있으며, 임차인의 의무를 불이행하더라도 면책될 수 있다. 구체적으로 어떠한 손해배상을 청구할 수 있고, 임차인은 어떠한 의구를 면하게 될까?

# 필요비
# 상환 청구

　임대인이 수선의무를 위반하였다면, 임차인은 우선 '필요비'를 받을 수 있게 된다.
　필요비란 **임차인이 점포 보수를 위해 자비로 선지출한 비용**이다. 점포를 임차하여 영업하다가 누수가 발생하면, 임차인으로서는 빨리 고치고 싶을 수밖에 없다. 손님들이 물이 뚝뚝 떨어지는 점포에 방문하고 싶을 리가 없다. 임대인이 신속하게 보수해준다면 최선이겠지만, 임대인이 책임을 인정하지 않는 경우가 있다. 일단 장사는 계속하려면, 임차인은 먼저 자기 돈 들여서 고쳐야 한다. 이때 임대인에게 수선의무가 있다면, 임차인은 임대인에게 선지출한 비용을 '필요비'로 청구할 수 있다. 임차인이 임대인 대신 수선의무를 이행하였다면, 당연히 그 비용을 필요비로 청구할 수 있다.
　이때 임대인이 필요비 포기 특약을 주장하는 경우가 있다. 임대차계약서에 명시적으로 필요비 청구를 포기한다는 내용이 없더라도 필요비 포기 특약이 인정될 수 있다. '시설비나 권리금 등 일체 임대인에게 청구하지 않고 명도'나 '임차인의 부담으로 원상복구'라는 식의 문구이 있다면, 임차인이 필요비 상환 청구권을 포기하는 내용의 특약이 존재한다고 보아야 한다[89]. 필요비 포기 특약은 비교적 폭넓게 인정되는 경향이 있다.

**필요비 포기 특약**이 있다면, **수선의무 면제 특약이 있는 경우와 마찬가지**의 방법으로 판단하면 된다. 임차인은 원칙적으로 임대인에게 수선의무 이행을 요구할 권리가 있고, 임차인이 대신 이를 이행하면 필요비를 청구할 수 있다. 반대로 임대인에게 수선의무가 없다면, 임차인은 자기가 수선하더라도 비용을 청구할 권리가 없다. 그렇기에, 필요비 포기 특약은 곧 임대인에게 수선의무를 요구할 권리를 포기하는 특약이다. 즉, 수선의무 면제 특약과 마찬가지로 볼 수 있다. 이에 따라 누수 해결을 위해 소규모 수선으로 충분한지, 아니면 대규모 수선이 필요한지 살피면 된다. 간단한 공사로 누수를 막을 수 있다면 필요비 포기 특약에 따라 비용을 청구할 수 없고, 벽체를 뜯어내고 대규모 공사를 진행하여야 한다면 특약이 있더라도 청구가 가능하다[90]. 수선의무 면제 특약과 마찬가지로 필요한 공사의 규모에 따라 결론이 달라진다.

# 월세

임대인이 수선의무를 위반하면 월세 분쟁이 발생한다. 점포에 누수가 발생하면, 임차인은 임료를 지급하기 싫어지기 마련이다. 영업에 지장이 생겼는데 월세까지 내라 하면 거부감이 들 수밖에 없다. 임대인은 반대로 생각한다. 누수가 발생했더라도 임차인이 영업을 계속 한다면, 임대인은 당연히 월세를 받아야 한다고 여긴다.

임대인이 수선의무를 위반하여 누수로 인해 전면적으로 영업할 수 없게 된다면, 임차인은 임료 지급 의무를 전부 면할 수 있다. **임대인이 심각한 누수를 해결하지 않아 임차인이 영업을 중단하고 휴업하거나 폐업**한다면, 임차인은 **차임을 지급하지 않아도 된다**[91]. 적어도 임대인이 하자를 보수하여 누수 문제를 해결하기 전까지는 그렇다. 월세는 곧 사용의 대가다. 임차목적물을 전혀 사용할 수 없으면 차임을 안 내도 된다.

영업에 지장이 있지만 **영업 자체는 가능하다면** 어떨까? 답은 간단하다. 임차인은 **점포 사용에 지장이 생긴 만큼의 월세를 내지 않으면 된다**[92]. 가령, 임차인이 1층과 2층을 임차했는데 2층에서 누수가 터졌고 1층에서 영업을 계속했다면, 1층에 대한 임료만 지급하면 된다. 2층은 사용 못 하니 2층 몫은 낼 의무가 없다[93]. 누수로 인해 부동산 중 일부만 사용할 수 있게 되었다면, 사용 가능한 부분만큼의 월세만 내면 된다.

결국 관건은 누수 피해의 크기이다. 임차인으로서는 차임 지급을 거부하기에 앞서 누수 피해가 어느 정도인지 살펴야 한다. 부분적으로 영업하기 어려운 상태라면, 차임 일부만을 면할 뿐이다. 일부 누수 피해가 있더라도 영업을 계속한다면 월세를 부분적으로나마 내야 한다. 섣불리 월세를 전혀 내지 않고 버틴다면, 임대인이 차임 연체를 이유로 계약을 해지하고 퇴거를 요구할 수 있다. 이 경우, 임차인은 누수로 인해 피해를 겪었음에도 월세를 안 냈다는 이유로 쫓겨나게 된다. 이와 같은 결과를 막으려면, 피해의 정도를 객관적으로 보아야 한다. 영업 자체가 불가능한 수준이 아니라면, 월세 일부라도 내두는 편이 안전하다. 한 푼도 안 내고 무리하게 버티다가는 장사를 접게 될 수 있으니, 유의해야 한다.

# 계약 해지와
# 보증금 반환

　임대인이 수선의무를 이행하지 않아 영업이 불가하다면, 임차인으로서는 신속하게 **임대차계약을 해지**해야 한다. 해지하지 않으면, 임대인은 뒤늦게라도 수선의무를 이행할 수 있다. 즉, 임대인이 보수를 완료하여 누수를 해결할 수 있다. 이 경우, 임차인은 남은 계약 기간 동안 월세를 내야 한다. 계약의 효력이 그대로니 당연히 계약에 따라 차임 지급 의무를 부담한다. 설령 임차인이 영업을 하지 않는다고 하더라도 마찬가지이다. 월세의 위협에서 벗어나려면, 임차인은 계약을 해지해야 한다. 이 외에도 계약을 해지할 실익은 더 있다. 임대차계약을 해지하여야만 보다 빠르게 보증금을 돌려받을 수 있다. 계약 해지 후 곧바로 보증금 반환 청구 소송을 제기할 수 있다. 이와 달리 계약의 효력을 유지하면, 임차인은 계약 기간이 끝난 후에야 보증금 반환을 청구할 수 있다. 보증금을 신속하게 받기 위해서라도, 계약을 해지할 필요가 있다.

그렇다면, 어떠한 경우에 해지가 가능할까? 누수만 터지면 무조건 계약을 해지할 수 있을까? 구체적인 해지 요건은 무엇일까?

4가지다. ① 누수로 인해 **영업에 지장**을 받아, ② 임차인이 **수선의무 이행을 촉구**하였음에도, ③ 임대인이 상당한 기간 내에 **응하지 않아**, ④ 임차인이 **해지 통보**하여야 한다.

반대로 생각해보면, ① 영업에 지장이 생길 정도의 누수가 아니라면 계약을 해지할 수 없다[94]. 비가 올 때마다 물이 조금씩 새는 정도로는 영업에 큰 지장이 생기지 않으므로 해지 사유에 해당하지 않는다. 또한, ② 임차인이 고쳐 달라고 요청한 사실이 없으면 해지의 효력이 없다. 심각한 누수가 터졌어도, 일단 임차인이 임대인에게 보수를 요청해야 한다. 가만히 있으면 아무도 알아주지 않는다. ③ 그 다음으로, 임대인이 일정 기간 내에 보수를 마치면 임차인은 계약을 해지할 수 없다[95]. 심각한 누수가 터졌더라도, 임대인에게 일단 기회는 있다. 신속하게 보수를 완료하기만 하면 수선의무를 이행하였으므로 해지 사유에 해당하지 않는다. ④ 마지막으로, 임차인이 해지 통보를 하지 않는다면, 해지의 효력이 발생하기 어렵다. 단순히 고쳐 달라는 요청만으로는 부족하고, 계약을 해지한다는 취지를 분명히 해야 한다.

결국 키는 임대인이 쥐고 있다. 누수가 발생하지 않도록 평소에 관리를 잘 하거나, 누수가 터졌어도 고쳐주면 해지를 피할 수 있다. 물이 새는데도 빨리 고쳐주지 않으면, 결국 임대인 손해다. 뒤늦게 수선의무를 다하더라도 월세를 받지도 못하게 될 수 있고, 조기에 보증금을 돌려줘야 할 수 있으며, 소송으로 인해 다음 임차인을 받는 데에 지장이 생길 수도 있다. 신속한 대응이 최선이다.

# 계약 해지 후
# 부당이득금

앞서 살펴봤던 바와 같이, 점포에 누수가 터지면 임차인은 차임 지급 의무를 전부 또는 일부 면하게 된다. 영업 자체가 불가한 수준이면 월세를 아예 안 내도 되고, 부분적으로 지장이 있다면 일부만 내면 된다.

이는 임대차계약을 해지하기 전까지의 법률관계다. **해지 후**에는 조금 다르다. 누수의 정도나 범위와 무관하게 아예 월세를 안 내도 된다. 1층과 2층 중 1층에만 누수가 터지더라도 마찬가지다. 계약의 효력이 없으니, 계약에 따른 차임 지급 의무를 부담하지 않게 된다.

하지만 유의할 점이 있다. 임차인은 '계약'에 따른 **차임을 낼 필요는 없지만**, '부당이득금'의 위협이 존재한다. '법률상 원인' 없이 타인의 부동산을 '점유'하여 '이득'을 얻고 타인에게 손해가 발생했다면, **'부당이득금'을 내야 한다**[96]. 임차인은 원래 계약이 있으니 부동산

2장 상가 임대차 누수 분쟁 113

을 점유하고 사용할 수 있다. 즉, 임대차계약이라는 '법률상 원인'이 있다면, 부당이득금을 낼 이유가 없다. 그러나 계약의 효력에서 벗어났다면 상황이 달라진다. '임대차계약'이라는 '법률상 원인'이 사라졌으니, 임차인이 부동산을 '점유' 하여 '이익'이 발생하면 부당이득을 반환해야 한다. 즉, 계약 해지 후 '점유'와 '이익'이라는 요건이 충족되면 차임 상당의 부당이득금을 지급해야 한다.

의문이 들 수 있다. 어차피 '부당이득금'을 내야 한다면, 월세랑 무엇이 다르단 말인가? 차이는 있다. 부당이득금의 '요건'을 다시 살펴보자. 임차인이 점포를 '점유' 해야 하고, '이익'이 발생해야 한다. 둘 중 하나라도 요건이 갖춰지지 않았다면, 임차인은 부당이득금을 낼 의무가 없다. **월세는 임차인이 점유하지 않고 이익을 얻지 못했어도 내야 하지만, 부당이득금은 그렇지 않다.**

임차인이 **'점유' 하지 않으면** 해지 후 **부당이득금을 안 내도 된다.** 즉, 누수로 물바다가 된 현장을 임대인에게 인도해버리면, 부당이득금을 지급할 이유가 없다. 다만, 선뜻 선택하기 어려운 방안이다. 이미 임대인과의 신뢰가 무너졌는데, 곧바로 부동산을 넘겨주기 쉽지 않다. 점포 인도 거부는 임차인이 임대인을 압박할 수 있는 하나의 카드다. 쉽사리 내주기는 어렵다. 또한, 임대인이 누수 현장을 변형시켜 임차인의 책임으로 뒤집어씌울 우려도 있다. 점포를 인도해주면 부당이득금은 확실히 면하겠지만, 부작용이 있다.

대안은 있다. **'점유' 하더라도 실질적인 '이득'이 없다면 부당이득금을 지급하지 않아도 된다**[97]. 폐업하고 집기를 내보낸 다음 문을 잠그고 임대인에게 점프를 인도하지 않을 경우, 임차인이 영업을 통해 실질적으로 '이득'을 얻을 수 없다. 이 경우, '이득'이 없으니 부당'이득'금을 지급하지 않아도 된다[98]. 이 경우, 임차인은 점포를 인도해주지 않고 계속 '점유'하면서도 부당이득금 지급 의무를 면할 수 있다.

이 경우, 임대인으로서는 부당하다고 생각하기 쉽다. 다른 임차인을 받지도 못하는데 기존 임차인한테 월세나 부당이득금을 받지도 못한다고 하면 답답할 수밖에 없다.

임대인에게도 방법은 있다. 불법점유에 대한 '부당이득금'이 아니라 '손해배상금'을 청구하면 된다. 그 전제는 보증금 반환이다. 임차인은 임대인이 보증금을 돌려주기 전까지는 부동산을 점유하더라도 손해배상금을 지급할 이유가 없다. 임대인의 보증금 반환 의무와 임차인의 목적물 인도 의무는 동시이행 관계에 있기 때문이다[99]. 즉, **임차인은 보증금을 돌려받을 때까지 부동산을 인도하지 않아도 위법하지 않다**. 즉, 임차인이 보증금 받기 전까지는 점포를 계속 점유해도 '불법' 점유가 아니다. 그러나 **임대인이 보증금을 제공한 후**에는 다르다. 더 이상 임차인이 점유할 법적 근거가 없다. 이때 임대인은 보증금을 직접 줘도 되지만 공탁해버려도 된다. 이 경우, 임차인은 목적물을 인도해야만 하고, **인도하지 않고 버티면 불법점유**에 해당한다. 즉, 차임 상당액의 손해배상금을 배상해야 한다[100]. 이 경우, 임차인은 점포를 인도해야만 부당이득금과 손해배상금을 모두 면할 수 있다.

그렇다면, 어떻게 '인도'해야 할까? 원칙적으로 **임차인이 출입문을 개방하고 집기를 모두 반출하면 인도가 완료**된다. 임차인의 집기 일부가 남아있다면 어떨까? 임대인이 이를 동의하거나 묵인한다면 인도가 마무리되었다고 보아야 하지만[101], 그와 같은 사정이 없다면 여전히 임차인이 점포를 점유하고 있다고 보아야 한다[102]. 임차인이 비록 영업하지 않더라도 일종의 '창고'로서 점유하고 있다고 볼 수 있기 때문이다. 그렇기에, 임차인으로서는 가급적 출입문을 개방하고 집기까지 모두 꺼내는 편이 안전하다. 집기 일부를 내버려둔다면 기껏 문 열어주고도 '인도'로 인정되지 않을 수 있다. 즉, 점포 문을 개방하고도 손해배상금을 지급하게 될 우려가 있다.

# 인테리어 비용 청구

누구나 영업을 시작할 때는 부푼 꿈을 안고 시작한다. 점포를 임차하고, 대대적으로 인테리어 공사를 하기 마련이다. 아깝더라도 앞으로의 영업을 위해 비용을 지출한다. 규모에 따라서는 수억이 들어갈 수도 있다. 그러나 누수로 영업을 계속할 수 없게 되면 모두 무용지물이 된다. 이 경우, 지출한 인테리어 비용을 돌려받을 수 있을까?

결론부터 말하자면, 원칙적으로 받을 수 있다. **임차인이 임차목적물을 사용할 수 있다고 '신뢰'하여 인테리어 비용을 지출**하였다면, 임차인으로서는 인테리어를 이용하는 '이익'을 누려야 한다. 즉, 임차인에게는 '신뢰이익'이 있다. 그런데 임대인이 누수를 적시에 조수하지 않아서 **임차인이 인테리어를 더 이상 활용할 수 없게 된다면**, 임차인의 신뢰이익이 침해된다. 이 경우, 임차인은 임대인에게 신뢰이익인 **인테리어 비용을 청구할 수 있다**[103].

이때 유의할 점이 있다. 신뢰이익에도 종류가 있다. ① '통상적으로 지출하는 비용'은 추가 요건 없이 청구할 수 있다. 가령, **인테리어 공사를 할 때 일반적으로 지출할 법한 규모의 비용**은 신뢰이익으로서 **청구할 수 있다.** ② 이와 달리, **일반적으로 지출하는 규모를 초과한 비용**을 청구하려면 추가 요건을 충족해야 한다. **상대방이 알았거나 알 수 있었어야** 한다. 임차인이 초호화 인테리어 공사를 했다면, 임대인이 '프리미엄' 비용이 발생하리라는 사실을 알았거나 알 수 있었어야 한다. 임대인이 이를 인지할 수 없었다면, 임차인은 통상적인 수준을 넘어선 인테리어 비용을 받을 수는 없다. 임대인에게 예측 가능성도 없었는데 갑자기 초호화 인테리어 비용을 물어달라고 할 수는 없다.

한편, 임대인으로서는 의문이 들 수 있다. 보통 임대차계약에 따라 임차인은 원상회복의무를 부담한다. 계약서에 그와 같은 내용이 명시되는 사례도 많다. 그렇다면 임차인이 인테리어 공사를 했다고 하더라도, 계약 종료 시점에는 이를 원상회복해야 한다. 어차피 복구할 설비라면, 왜 임차인의 인테리어 공사비를 배상해 줘야 할까?

그러나 이는 별개의 문제이다. 임차인은 임대차계약 기간에 영업할 수 있다고 믿고 비용을 들여 인테리어 공사를 한다. 즉, 임차인은 인테리어를 마친 점포에서 장사를 할 권리가 있고, 임대인은 이를 보장하기 위해 누수를 보수해야 한다. 임대인이 누수를 방치하여 임차인이 계약 기간에 영업하지 못하게 된다면, 임차인의 '신뢰이익'이 침해된다. 즉, 재산권으로서의 인테리어 자체가 아니라, 인테리어 비용 투입을 통한 영업의 기대권이 보호받지 못한다. 이는 임차인의 원상회복의무와는 무관하다. 임차인이 인테리어 공사 부분을 걷어내고 원상회복을 하거나 원상회복 비용을 지급해야 하지만, 그와 별개로 임대인은 임차인의 신뢰이익을 배상해야 한다.

그렇다면 임차인이 받을 수 있는 **배상액**은 얼마일까? 앞서 살펴본 바와 같이, 임차인은 '누수로 인해 남은 계약 기간에 영업을 하지 못하게 되는 손해'를 입는다. 즉, 전체 계약 기간이 아니라 누수 발생 후 남은 계약 기간의 손해이다. 임차인이 지출한 인테리어 비용 전액이 손해라고 볼 수는 없다. 손해는 인테리어 비용 중 남은 계약 기간의 몫에 해당하는 금액이다. 즉, 임차인의 손해액은 **'인테리어 비용 × (남은 계약 기간 / 전체 계약 기간)'**이다. 가령, 임대차계약 기간은 총 731일이고, 누수로 인해 영업할 수 없게 된 시점에 남은 계약 기간은 536일이며, 임차인이 1,300만 원을 공사비용으로 지출했다고 가정해보자. 이 경우, 임차인이 지출한 1,300만 원에서 536일/731일에 해당하는 998만 원이 손해로 인정될 수 있다.

만약 임차 직후부터 누수로 인해 영업이 불가했으면 어떨까? 임차인의 손해액은 앞서 살펴본 바와 같이 '인테리어 비용 × (남은 계약 기간 / 전체 계약 기간)'이다. 그런데 초기부터 영업이 어려웠다면, 사실상 '남은 계약 기간'이 '전체 계약 기간'과 같다. 이 경우, '인테리어 비용 × 1'이 배상액으로 인정될 수 있다. 즉, 인테리어 비용 전액이다[104].

그런데 숨은 전제가 있다. 입증의 문제다. **임차인이 인테리어 투입 비용이 얼마인지 밝혀야 한다.** 공사업체에 인테리어를 맡기고 대금을 송금했다면 깔끔하다. 지출한 돈이 곧 인테리어 비용이다. 이와 달리 비용을 아끼기 위해 '셀프'로 인테리어 공사를 하였다면, 지출한 비용을 특정하기 어렵다. 타 업체에 맡기지 않았다면 견적서나 입금 내역이 존재할 수 없다. **인테리어 투입 비용이 얼마인지 입증할 수 없다면** 어떻게 할까?

그래도 방법은 있다. '지출한 인테리어 공사비'가 아니라, '영업 중단 당시의 인테리어 잔존 가치'를 손해액의 기준으로 삼을 수 있다. 이때 '잔존 가치' 전부가 손해액은 아니다. 여기에서 '계약 기간 종료 시점의 인테리어 잔존 가치'를 빼야 한다. 임차인은 계약 기간 종료 시점에 점포를 원상회복하여 반환해야 하기 때문이다. '계약 기간 종료 시점'의 인테리어 잔존 가치는 누수로 인한 손해가 아니다. 이는 누수와 무관하게 원고가 회수할 수 없는 돈이다. 그렇기에, '계약 기간 종료 시점의 인테리어 잔존 가치'는 공제 대상이다. 정리하면, '(계약 기간 중) 영업 중단 시점의 인테리어 잔존 가치'에서 '계약 기간 종료 시점의 인테리어 잔존 가치'를 뺀 금액을 임차인의 손해액으로 볼 수 있다[105].

그렇다면, 인테리어 잔존 가치는 어떻게 입증할까? 감정이다. 감정할 사항에 '(계약 기간 중) 영업 중단 시점의 잔존 가치'와 '계약 기간 종료 시점의 잔존 가치'를 넣어야 한다. 이 경우, 감정인은 우선 '재조달원가'를 산정한다. 이는 인테리어 공사를 위한 직접 공사비, 간접공사비, 적정 이윤, 부대비용을 더한 값이다. '재조달원가'에서 '계약 기간 시작 시점부터 영업 중단 시점까지의 감가상각비'를 빼면 '영업 중단 시점의 잔존 가치'가 나오고, 여기에서 다시 '계약 기간 종료 시점까지의 감가상각비'를 공제하여 '계약 종료 시점의 잔존 가치'를 도출할 수 있다. 이를 통해 '영업 중단 시점의 잔존 가치'에서 '계약 기간 종료 시점의 잔존 가치'를 확인하고, 전자에서 후자를 빼면 임차인의 손해액이 나온다.

이해의 편의를 위해 다음과 같은 예를 들 수 있다. 인테리어 공사에 1억 원이 필요하고, 감가상각비는 1년에 5%이며, 계약 기간은 총 2년이고, 1년이 지났을 때 누수로 영업을 중단하게 되었다고 가정해보자. 이 경우, '재조달원가'는 1억 원이고, '영업 중단 시점의 잔존 가치'는 1억 원에서 500만 원(= 1억 원 × 감가상각비 5%)을 공제한 9,500만 원이며, '계약 종료 시점의 잔존 가치'는 9,500만 원에서 500만 원(= 1억 원 × 감가상각비 5%)을 제한 금액인 9,000만 원이 된다. 이 경우, 임차인의 손해액은 '영업 중단 시점의 잔존 가치 9,500만 원'에서 '계약 종료 시점의 잔존 가치 9,000만 원'을 뺀 500만 원이다.

앞서 두 가지 방법의 손해액 산정 방법을 살펴보았는데, 그 금액에 차이가 있으면 어떻게 할까? 즉, '지출한 인테리어 비용 × (남은 계약 기간 / 전체 계약 기간)'와 '영업 중단 시점의 잔존 가치- 계약 기간 종료 시점의 잔존 가치'가 다를 수 있다.

산정 방법에 따라 금액이 다르다면, 지출한 비용을 기준으로 산정한 손해액만 인정된다. 잔존 가치 기준 손해액은 지출한 비용을 입증할 수 없을 때만 적용할 수 있다. 지출 비용 기준이 원칙이고, 그 방법으로 산정할 수 없을 때만 잔존 가치 기준 손해액을 인정할 수 있다. 실제로 법원은 '지출 비용 기준 손해액'이 1,361만 원이고 '잔존 가치 기준 손해액'이 그보다 2배 이상 큰 2,761만 원인 사건에서 1,361만 원만을 손해액으로 인정하였다[106].

한편, 손해액 산정을 마무리해도 여기에서 책임이 제한될 수 있다. 건물 하자 외에도 집중호우와 같은 다른 누수 원인이 있다면, 임대인의 잘못만은 아니다. 이 경우, 임대인이 실제 배상해야 하는 금액은 손해액의 일부다. 가령, 법원이 손해액이 998만 원이라는 전제하에 그중 80%인 7,988,391원을 배상하라고 판결한 사례가 있다[107]. 일반적인 누수 손해배상 사건과 마찬가지로 인테리어 보수비 또한 책임 제한 대상이고, 임대인으로서는 이를 주장할 필요가 있다.

이것은 모두 임대인이 수선의무를 적시에 이행하면 발생하지 않는 문제이다. 임대인으로서는 어떻게든 누수를 조속히 해결하는 편이 유리하다. 자칫하면 임차인이 지출했던 인테리어 비용까지도 물어주게 될 수 있다. 월세 받으려고 임대했다가, 월세는커녕 '대마'를 잃게 될 수 있다. 임대가 쉽지 않다.

# 영업 손실

상가 임차인들은 누수로 인해 영업 손실이 발생했다고 호소하는 경우가 많다. 임대인의 수선의무 위반으로 임차인이 영업을 중단했다면, 영업 손실을 배상받을 수 있을까? 가능하다. 다만, 민사소송이 늘 그렇듯 손해액 산정의 문제가 남아있다.

우선, 어느 정도로 입증해야 할까? 임차인의 **영업 손실**은 '장래의 이익에 대한 손실'이다. 즉, 누수가 없어 임차인이 정상적으로 영업했을 때 벌 수 있는 돈이다. 현재나 과거의 이익이 아니다. 그렇다 보니 구체적인 증거로 정확히 입증할 수는 없다. 그렇기에, 대법원은 장래의 영업 손실에 대해서는 엄격한 증명을 할 필요까지는 없다고 본다. 즉, 합리성과 객관성을 잃지 않는 범위 내에서 상당한 개연성이 있으면 충분하다[108]. 따라서 과거의 영업 이익을 입증하여 미래의 영업 이익이 얼마인지 밝히면 된다.

이를 위해서는 우선 1개월분 영업 이익이 얼마인지 특정해야 한다. 일단 매출을 확인해야 한다. 누수 발생 전 일정 기간의 매출 총액을 확인한 다음, 이를 통해 1개월분을 확인하면 된다. 가령, 누수 발생 전 93일간의 매출 총액이 1,950만 원이라면, 1개월 매출 평균은 629만 원(1,950만 원 × 30/93)이다. 하지만 **매출이 곧 영업 이익은 아니다. 비용을 빼야 영업 이익이 나온다.** 임차인이 1개월분 비용을 밝힌 후 매출액에서 이를 공제하여 영업 이익을 산정하면 되는데[109], 비용을 입증하기가 쉽지 않다. 지출 항목이 많기 때문이다. 자재비, 인건비, 광고비, 청소비 등 다양한 비용을 구체적으로 제시하기 어렵다. 다행히 대안이 있다. 비용을 입증하지 않고도 영업 이익을 밝힐 방법이 있다. 매출액에 동종업계 영업 이익률을 적용하는 방법이다. 가령, 평균 음식점 영업 이익률이 25.8%라면, 매출 1,950만 원에서 25.8%를 곱한 금액인 162만 원이 1개월분 영업 이익이다[110]. 그렇다면 위 162만 원이 누수로 인한 1개월분 손실이 된다. 정리해보면, 1개월분 영업 손실은 '**1개월분 매출 − 비용**' 또는 '**1개월분 매출 × 동종업계 영업 이익률**'이다.

1개월분을 특정하였다면, 이제 몇 개월분을 배상받을 수 있을지 확인해보자. 누수 발생 시점부터 계약 기간 만료일까지의 기간 전부가 대상 기간이라는 판결도 있지만[111], 일반적이지는 않다. 임대인에게 가혹한 측면이 있다. 그렇기에, 보통은 '임차인이 피해 점포를 대신할 점포를 마련하기 위한 기간' 동안의 영업 손실만 인용된다. 일정 기간 피해가 계속되었다면, 임차인은 임대차계약을 해지하고 다른 점포를 구해서 영업을 해야 한다. 그렇다면 '피해 점포를 대신할 장소를 마련하기 위한 기간'은 얼마일까? 법원은 피해 건물의 규모 및 현황, 영업의 종류 등을 종합해서 판단하는데, 특수한 종류의 영업장소가 아닌 한 보통 **3개월 내지 4개월 정도**를 유사 점포를 임차하기 위한 기간으로 본다[112].

따라서 위에서 든 예시처럼 1개월분 영업 손실이 162만 원이고, 대상 기간을 3개월로 가정한다면, 486만 원이 영업 손실로 인정된다.

살펴본 바와 같이, 임차인이 **영업 손실을 배상받더라도 그 금액은 한정적**이다. 비용을 제외해야 하고, 대상 기간도 3~4개월 정도다. 임차인으로서는 누수 상황에서 이를 유념해야 한다. 무턱대고 모든 손해를 배상받을 수 있으리라 믿기보다는, 손해를 최소화하기 위해 노력해야 한다. 현실적으로 쉽지 않지만, 가급적 3개월 안에 다른 점포를 임차하여 영업을 시작해야 한다. 그렇지 않으면 낙동강 오리알이 될 수 있다. 임대인이 모든 기간의 영업 손실을 배상해주리라 믿고 버티면 기회비용을 날리게 될 수 있다. 누수로 인해 영업할 수 없게 되었다면, 신속하게 대체 점포를 찾고 영업을 해야 한다.

# 권리금

　임차인이 전 임차인에게 권리금을 주고 장사를 시작하였다면, 나중에 새로운 임차인으로부터 권리금을 회수할 수 있다고 기대하기 마련이다. 임차인이 전 임차인에게 권리금을 지급하지 않았더라도 마찬가지다. 비용 투입하여 인테리어 하고 영업이 잘 되고 있다면 권리금 받고 나갈 수 있다. 권리금을 내고 들어왔든 자기가 인테리어를 직접 했든 권리금에 대한 기대는 있다. 그런데 누수가 발생하면, 신규 임차인으로부터 권리금을 받기 어려워진다. 온통 젖어있는 현장을 권리금을 내가며 인수할 사람은 많지 않다. 그렇다면 권리금 상당액은 임차인이 온전히 부담해야 할 손실일까? 임대인에게 이를 받을 수는 없을까?

　원칙적으로 가능하다. 누수로 인한 하자가 보수되어 정상적으로 임대차계약이 종료되면, 임차인은 새로운 임차인으로부터 권리금 상당액을 회수할 수 있다. **임대인이 보수하지 않아 임차인이 권**

리금을 회수할 수 없게 되었다면, 이는 임대인의 수선의무 위반으로 인한 손해다. 즉, **임차인은 권리금 손실에 대한 손해배상을 청구할 수 있다.**

물론, 입증의 문제가 남아있다. 임차인은 우선 영업할 수 없을 정도의 누수가 발생했음을 입증해야 한다. 계약 기간 도중에 영업을 중단할 정도의 누수가 발생해야 임차인이 권리금을 회수할 수 없게 된다. 만약 누수의 정도가 그처럼 심각하지 않다면, 임차인이 권리금을 회수할 가능성이 열려있다. 누수가 발생하였더라도 영업 자체는 가능하다면, 임차인은 계약 기간을 채울 수 있다. 이 경우, 신규 임차인이 약간의 누수를 감수하고 입점할 여지가 있다. 즉, 임차인의 권리금 회수 기회가 방해받았다고 단정할 수 없다[113,114]. 이 경우, 임차인의 임대인에 대한 권리금 상당의 손해배상청구가 기각될 수 있다. 임차인이 누수 피해를 이유로 권리금 상당의 손해배상을 청구하기 위해서는 누수의 정도가 극심함을 분명히 밝혀야 한다.

나아가, 임차인이 **권리금 액수를 입증해야** 이를 배상받을 수 있다. 임차인이 **법원 감정**을 신청해야 하고, 보통은 감정평가사 자격을 갖춘 자가 감정인으로 지정되어 권리금을 산정한다. 권리금은 크게 바닥권리금, 시설권리금, 영업권리금으로 나뉜다[115]. 바닥권리금은 말 그대로 '바닥', 즉 위치에 따른 프리미엄이다. 임차인이 별도의 자료를 제출하지 않아도 되고, 감정인이 인근 상권 등을 고려하여 산정할 수 있다. 시설권리금은 인테리어나 설비 등 각종 시설에 대한 대가다. 임차인으로서는 감정인에게 인테리어 비용을 증빙할 견적서와 집기·설비목록 등을 제시해야 한다. 영업권리금은 영업 노하우 등 무형적 자산에 대한 대가다. 영업권리금의 핵심은 영업 이익인데, 임차인으로서는 손익계산서를 제출해야 한다. 만약 현금거래 위주로 장사하였다면 어려움을 겪을 수 있다. 사건에 따라 다르지만, 경우에 따라서는 입출금 내역 등으로 판단이 가능할 수도 있다. 이와 같은 과정을 통해 감정인이 바닥권리금, 시설권리금, 영업권리금을 합쳐 총 권리금 액수를 제시하게 된다. 감정평가를 통해 권리금 금액이 나오면, 임대인이 구체적인 액수를 뒤집기는 어렵다.

다만, 권리금 중 시설권리금은 손해액으로 전부 인정되기 어렵다. 임차인으로서는 소송이 끝나기 전까지 문을 개방하고 집기를 반출해야 한다. 임차인이 보증금을 반환받으려면 점포를 인도해야 하기 때문이다. 이 경우, 임차인으로서는 가구나 집기를 모두 내보내고 중고로 처분해야 한다. 이때 임차인은 '시설'에 대한 이익을 일부 얻게 된다. 여기에 '시설권리금'까지 배상받게 하면 이중배상이 될 수 있다. 이 경우, 중고로 처분할 수 없는 인테리어 몫만 시설권리금 상당의 손해액으로 인정할 수 있을 뿐이다. 실제로 법원이 시설권리금 중 인테리어 몫의 일부만 손해액으로 인정한 사례가 있다[116].

그런데 어느 시점의 권리금으로 배상액을 산정해야 할까? 누수가 발생하지 않았더라면, 임차인은 계약 기간 종료 시점 기준의 권리금을 받을 수 있다. 누수로 인해 임차인이 이를 배상받지 못하게 되었다면, 임대차 계약 기간 만료 시점을 기준으로 삼아야 한다. 논리적으로는 그렇다. 그런데 현실적으로 계약 기간 종료 시점의 권리금을 감정하기 쉽지 않다. 이미 누수가 터져 점포가 훼손된 상태에서 권리금이 제대로 나올 리가 없다. 턱없이 낮은 금액이 나올 수밖에 없다. 현실적인 측면에서 보면, 정상적으로 영업이 가능한 상태의 권리금을 기준으로 삼아야 한다. 즉, 누수 발생 전 시점 기준 권리금을 손해액 산정 기준으로 인정할 필요가 있다. 다행히 법원이 누수가 본격적으로 발생하기 전 시점의 권리금도 기준으로 삼을 수 있다고 본 사례가 있다[117].

참고로, 권리금 감정평가 결과 역시 **임차인이 만족할 만한 금액이 나오기는 어렵다**. 감정평가액은 보통 '호가'보다 낮다. 시설권리금 중 일부가 깎이는 점을 고려하면, 임차인이 기대하는 금액보다는 낮을 수밖에 없다.

한편, 임대인이 권리금 배제 약정으로 맞서는 사례가 있다. 임대차계약 특약사항에 '건물주는 시설물에 대하여 권리금을 인정하지 않는다'는 식의 문구를 넣는 사례를 종종 찾아볼 수 있다. 이 경우, 임대인이 이를 근거로 누수 사건에서 권리금을 주지 않겠다고 맞서게 될 수 있다.

    그러나 법원은 보통 위와 같은 주장을 받아들이지 않는다. 상가임대차보호법이 임차인의 권리금 회수 기회를 보장하고[118], 상가임대차보호법에 위반된 약정이 임차인에게 불리하다면 효력이 없다[119]. 즉, 권리금 배제 특약은 원칙적으로 무효다. 누수 사건이든 누수 사건이 아니든 권리금 배제 특약은 주장해도 효과가 없다. 특약이 있더라도 권리금은 물어줘야 한다. 임대인 잘못으로 임차인이 권리금을 못 받게 되었다면, 임대인이 책임을 피하기 어렵다.

# 영업 손실 및 권리금과 인테리어 비용은 중복 청구 불가

　임차인이 **영업 손실이나 권리금을 배상받으면서 인테리어 비용까지 별도로 받을 수는 없다.** 영업 이익이나 권리금은 임대차계약이 이행되었다면 얻을 수 있었던 이익이다. 이를 '이행이익'이라 하는데, 계약 위반에 따른 손해배상은 원칙적으로 이행이익만큼 받을 수 있다. 한편, 임차인이 영업할 수 있으리라 믿고 지출한 인테리어 비용은 '신뢰이익'이다. 그런데 신뢰이익은 이행이익에 갈음하여서 청구할 수 있다[120]. 그렇기에, 이행이익을 넘어서는 신뢰이익은 배상받을 수 없다. 이행이익을 넘는 범위는 과잉배상에 해당하여 청구할 수 없다. '이행이익'인 권리금이나 영업 이익을 배상받는다면, '신뢰이익'인 인테리어 비용까지 받을 수는 없다[121].

　임차인으로서는 이와 같은 법리를 숙지하고 소송 전략을 수립해야 한다. 섣불리 이행이익인 영업 이익 또는 권리금을 배상받으려 한다면, 신뢰이익인 인테리어 비용을 배상받지 못하게 될 수 있다. 받을 수 있는 영업 손실과 권리금 액수가 크지 않다면, 임차인이 굳이 논하지 않는 편이 유리할 수 있다. 영업 손실과 권리금과 같은 이행이익은 상한이다. 인테리어 비용과 같은 신뢰이익은 이를 넘을 수 없다. 임차인이 굳이 그와 같은 상한을 언급한다면 자승자박이 될 수 있다. 즉, 받을 수 있는 인테리어 비용의 한도를 스스로 제시하게 될 수 있다. 너무 많은 주장이 오히려 부메랑으로 돌아올 수 있음을 명심해야 한다.

# 기타 손해:
## 집기 등 보수비, 환불금

   누수로 인해 임차인이 점포 안에 두었던 **집기, 기계 등이 손상되었다면**, 임대인에게 수리비 상당액을 청구할 수 있다. 물론, **손해액을 입증해야** 한다. 근데 쉽지가 않다. 우선, 누수로 인해 집기 등이 파손되었다는 사실을 입증해야 한다. 집기에 물이 들어가 사용할 수 없게 되었다는 점만으로는 부족하고, 그 원인이 누수라는 점까지 밝혀야 한다. 누수 발생 시점에 미리 사진과 동영상을 촬영해두어야 한다. 또한, 구체적인 금액을 밝혀야 한다. 물이 들어간 집기를 재사용할 수 있다면 세탁비나 수리비가 얼마인지 제시해야 하고, 다시 사용할 수 없다면 재구입비용을 밝혀야 한다. 이를 위해서 견적서 등을 미리 확보해둘 필요가 있다. 현실적으로 이를 모두 입증하기는 쉽지 않다. 임차인이 구체적으로 손해액을 입증하지 못하는 경우, 법원은 **직권으로 소액을 인정**해줄 수 있다[122]. 임차인이 만족할 만한 금액은 아니겠지만, 일부라도 인용될 수는 있다.

한편, 임차인은 **환불금도 청구할 수 있다.** 누수로 인해 영업을 중단하게 될 경우, 이용객에게 환불해줘야 할 수 있다. 스터디카페나 스크린골프장 영업을 하면서 일정 기간 이용료를 미리 받았는데 누수로 폐업할 경우, 임차인은 이용객으로부터 받은 돈을 돌려줘야 한다. 누수가 없었더라면 임차인이 이를 돌려줄 필요가 없었지만, 누수가 터진 이상 환불을 피하기 어렵다. 이는 누수로 인한 손해다. 그렇기에, 임차인은 임대인에게 환불금 명목의 손해배상을 청구할 수 있다[123].

## 3  점포 간의 관계

 임대인이 임차인에게 손해를 배상해주고 나면 끝일까? 임대인이 임차인에게 지급한 배상금을 다른 사람에게 받아낼 수는 없을까?
 '통건물'이라면 불가능하다. 즉, 임대인이 한 건물의 '건물주'라면, 임대인이 임차인에게 배상금을 지급하고 나서 달리 책임을 물을 사람이 없다.
 하지만 '집합건물'이라면 다르다. 집합건물은 개별 점포마다 등기가 존재한다. 즉, 점포마다 소유권자가 다를 수 있다. 이 경우, 위 점포의 전유부분 누수로 인해 아래 점포에 피해가 발생했다면, 아래 점포 소유자는 위 점포 소유자에게 손해배상을 청구할 수 있다. 이때 '손해'에는 아래 점포 소유자가 자기 점포의 임차인에게 물어준 배상금도 포함될 수 있다. 가령, 201호 전유부분 누수로 101호 임차인에게 손해가 발생했다고 가정해보자. 이 경우, 101

호 임차인은 101호 임대인(소유자)에게 우선 손해배상을 청구할 수 있고, 101호 임대인(소유자)은 201호 소유자에게 지출한 배상금을 다시 청구할 수 있다. 누수 원인이 공용부분 하자일 경우, 책임 주체만 다르고 나머지는 같다. 공용부분 관리주체는 관리단이니, 101호 임대인은 101호 임차인에게 지급한 손해배상금을 관리단에 청구할 수 있다[124].

다만, 금액 입증의 문제는 여전히 남는다. 101호 임대인이 101호 임차인에게 돈을 이체한 내역이 있더라도, 그 자체로 입증이 끝나지 않는다. 201호 소유자에게 이를 청구하려면, 이체한 금액이 201호 누수로 인한 손해임을 밝혀야 한다. 101호 임대인이 손해액을 입증하지 못한다면, 실컷 101호 임차인에게 돈을 물어주고도 201호에 받아내지 못하게 될 수 있다.

그렇다면 101호 임대인으로서는 어떻게 해야 할까? 합의 하에 101호 임차인에게 돈을 물어줄 경우, 구체적인 증빙자료를 확보해두어야 한다. 짐보관비, 세탁비, 이사비, 집기 보수비 등 항목별로 영수증 등 증거 자료가 있어야 한다. 뭉뚱그려서 합의금으로 줘버리면 201호에 책임을 물을 수 없다. 아니면 아예 소송으로 가는 편이 깔끔할 수 있다. 법원이 판결문에 101호 임차인의 손해가 무엇인지 구체적으로 적시하면, 101호 임대인으로서는 201호 소유자와의 분쟁에서 이를 활용할 수 있다.

3장

매매 누수 분쟁

부동산 매매는 중대사다. 푼돈으로 부동산을 매수할 수는 없다. 주택이든 상가든 나름 거금을 들여야 한다. 때로는 '영끌'하기도 한다. 그렇게 매수한 부동산인 만큼 하자에 예민할 수밖에 없다. 그런데 누수까지 터지면 억장이 무너진다. 분노는 의심으로 이어진다. 매수인은 매도인이 누수를 알면서도 숨겼는지 의심하게 되고, 책임을 추궁하다가 소송을 제기하게 된다. 매수인은 때로는 계약을 통으로 무르고자 하고, 경우에 따라서는 계약을 유지하되 매도인으로부터 하자보수비를 받기를 희망한다.

그러나 매수한 부동산에서 누수가 발생하더라도 아무 때나 매도인에게 책임을 물을 수는 없다. 계약 해제든 손해배상이든 일단 매도인에게 법률상 책임이 인정되어야 한다. 이를 위해서는 근거가 있어야 한다. 매매계약서의 특약이나 민법의 규정에 따라 매도인의 책임을 인정할 수 있어야 한다.

특약이 있다면 비교적 간단하다. 매매계약서에 누수나 하자에 대한 책임 소재 및 해제 사유 등을 따로 정해놓았다면, 그에 따르면 된다. 가령, 계약서에 누수 책임이 무조건적으로 매도인에게 있다고 정해두었다고 가정해보자. 이 경우, 매수한 부동산에서 누수가 터지면 고민할 필요가 없다. 매수인은 계약 내용에 따라 책임을 추궁하면 된다. 그러나 계약서에 그와 같은 사항을 미리 구체적으로 정해두는 사례가 많지 않다. 일반적으로는 민법에서 매도인의 책임을 추궁할 근거를 찾아야 한다.

다행히 매수인에게는 세 가지 무기가 있다. 민법 제580조의 '**하자담보책임**', 민법 제390조의 '**채무불이행책임**', 민법 제750조의 '**불법행위책임**'이다. 매수인이 세 조문 모두 적용할 수 있는 사안이 있고, 하나만 가능한 사안도 있다. 셋의 요건이 각기 다르기 때문이다. 매수인으로서는 다행스럽게도 셋 중 하나만 적용해도 매도인에게 책임을 물을 수 있다. 가령, 하자담보책임 요건이 충족되지 않았더라도, 불완전이행책임 요건이 갖춰졌다면 그에 따라 손해배상을 청구할 수 있다. 각 조문의 요건에 대해 살펴보자.

# 1  하자담보책임

민법 제580조 제1항은 "매매의 목적물에 하자가 있는 때에는 제575조 제1항의 규정을 준용한다. 그러나 매수인이 하자 있는 것을 알았거나 과실로 인하여 이를 알지 못한 때에는 그러하지 아니하다."라고 규정한다. 이것이 민법 제580조 제1항의 하자담보책임이다. 위 규정이 구체적으로 무엇을 요구하는지, 그 효과는 무엇인지 살펴보자.

# 하자담보책임의
# 성립 요건

매도인에게 누수를 이유로 민법 제580조의 하자담보책임을 물으려면 세 가지 요건이 충족되어야 한다.

첫째로, **계약 체결 시점에 이미 하자가 발생**한 상태였어야 한다. 매도인이 모든 하자에 대해서 담보책임을 부담하지는 않는다. 매도인은 매매 시점의 건물 상태를 보증할 뿐이다. 매매 후 새로 발생하는 하자에 대해서는 책임지지 않는다. 이는 일관적인 대법원의 법리이다[125]. 이에 따라, 매도인은 계약 시점에 이미 누수가 발생한 상태였다면 그에 대한 담보책임을 부담하지만, 계약 이후 새로 발생한 누수에 대해서는 그렇지 않다.

그렇다면 '매매 당시 하자가 존재했다는 점'에 대한 입증책임은 누가 부담할까? 매수인이다. 매수인이 누수 등 하자가 매매 이전에 발생한 사실까지 입증해야 한다. 단순히 매수하고 난 다음에 누수가 발생하고 있다는 사정만으로는 부족하다.

매수인이 매매 직후 누수를 발견하여 매도인에게 이를 알린 경우, 그래도 입증이 어렵지 않다. 법원은 매매 당시 누수가 존재했다고 추정하는 경향이 있다[126]. 현실적으로 매수인이 누수의 발생한 날짜를 구체적으로 밝히기는 어려우니, 매매 직후 신속하게 지적했다면 그 전부터 누수가 있었다고 보아야 한다.

매수인이 뒤늦게 매도인에게 책임을 추궁한다면, 입증이 보다 어려워진다. 이 경우, 매수인은 매매 당시 이미 누수가 있었음을 구체적으로 입증해야 하는데, 증거를 찾기 쉽지 않다. 일반적으로 매도인이 매매 이전의 건물에 대한 자료를 보유하기 때문이다. 그래도 방법은 있다. 우선, 해당 건물의 과거 임차인이나 담당 수리업자 등에게 문의하는 방법이 있다. 이들은 누수가 언제부터 발생했는지 알고 있기에, 이들의 협조를 받는다면 누수 발생 시점을 입증할 수 있다. 이들을 상대로 증인신문을 하거나 과거에 작성된 견적서나 문자메시지 등을 확보해야 한다. 매수인으로서는 가능한 방법을 총동원해서 누수 발생 시점까지 밝혀내야 한다. 이를 입증하지 못한다면, 매수인은 누수가 있더라도 매도인에게 하자담보책임을 물을 수 없다[127].

둘째로, **매수인이 누수의 존재를 알았거나 과실로 인하여 이를 알지 못했다면, 매도인에게 담보책임이 없다**[128]. 즉, ① 매수인이 매매 당시 누수 발생 사실을 알았거나, ② 매수인의 잘못으로 누수를 확인하지 않았다면, 매도인에게 하자담보책임을 물을 수 없다. 매수인이 매매 당시 누수 사실을 알았거나 알지 못한 데에 잘못이 있다면, 매수인 책임으로 볼 수 있기 때문이다.

이때 '매수인이 매매 당시 누수 사실을 알았거나 과실로 알지 못한 점'은 누가 입증해야 할까? 매도인이다. 즉, 매도인이 매수인의 인지나 잘못을 입증해야 한다. 그런데 매도인이 매수인의 기억을 뽑아낼 수는 없는 노릇이다. 매도인으로서는 간접적인 정황을 밝히는 데에 주력해야 한다. 즉, ① 매수인이 매매 전 현장을 구석구석 확인할 수 있었던 점, ② 매수인이 건물 임차인 등에게 누수가 있는지 문의한 점, ③ 노후 건물이라 누수 존재를 짐작하기 쉬웠던 점, ④ 육안으로 누수 부위를 확인할 수 있었던 점, ⑤ 누수가 장기간 발생하여 그 존재를 확인하기 쉬웠던 점, ⑥ 중개대상물확인설명서나 계약서 등의 문서에 누수 사실이 기재되어 있거나 암시되어 있는 점 등을 주장·입증해야 한다.

구체적인 예를 살펴보자. 매매 당시 건물에 벽지와 천장 곳곳이 젖어있었고, 매수인이 현장을 살폈다고 가정해보자. 이 경우, 매수인은 조금만 주의를 기울이면 누수 발생 사실을 알 수 있다. 매도인이 그와 같은 사정을 입증하면 하자담보책임을 부담하지 않는다. 반대의 예시도 있다. 매매 당시 책장 등 집기 뒤에 누수가 발생한 상태였고, 눈으로 이를 확인할 수 없었던 상태였다면 어떨까? 이 경우, 현실적으로 매수인이 누수 사실을 알기 어려웠으므로, 매도인은 하자담보책임을 부담한다.

그런데 매도인이 매매 당시 누수에 대해 매도인이 책임지기로 하였다면 어떨까? 이 경우, 매수인이 누수 발생 사실을 알기는 쉬웠다고 봐야 한다. 누수의 징조가 뚜렷하여 책임 소재를 따로 정하였기 때문이다. 이 경우, 매수인이 누수 발생 사실을 알았거나 과실로 알지 못하였으므로, 매도인이 하자담보책임을 면할까? 그렇지는 않다. 매도인에게 누수 책임을 지우는 특약을 했는데, 그 특약 때문에 매도인이 책임을 면한다고 보기는 어렵다[129]. 특약의 목적은 매도인이 누수를 책임지게 하기 위함이니, 그대로 따르면 될 뿐이다. 이와 같은 예외적인 사례에서는 매수인이 누수 사실을 알았더라도 매도인이 책임을 부담한다.

셋째로, 매수인은 '제척기간'을 준수해야 한다. 원칙적으로는 매수인이 하자를 안 날부터 6월 내로 권리를 행사해야 한다[130]. 즉, 누수를 발견한 날부터 6개월 이내에 매도인에게 담보책임을 추궁해야 한다. 6개월 안에 소송을 제기해야 할 필요까지는 없다. 말 그대로 권리 행사만 하면 된다[131].

참고로, 제척기간 준수에 대한 입증책임은 매수인에게 있다[132]. 매수인으로서는 제때 권리를 행사하고, 내용증명우편 등 자료를 보관해둬야 한다. 그렇지 않으면 소송에서 낭패를 볼 수 있다.

정리해보면, ① 계약 체결 시점에 이미 누수가 발생한 상태였고, ② 매수인이 누수 발생 사실을 알지 못했고 알 수도 없었으며, ③ 제척기간을 준수하여야, 매도인이 하자담보책임을 부담한다.

마지막으로, 모든 요건이 충족되었어도 계약서를 봐야 한다. **하자담보책임 포기 특약이 있다면 꽝이다.** 가령, 계약서에 '매매대금에서 1,000,000원을 감액해주는 조건으로 누수 등 하자책임을 묻지 않는다'라는 문구가 있다고 해보자. 이 경우, 포기 특약이 민법에 우선한다. 매수인이 매매대금을 깎는 대신 누수를 감수하기로 했으니 매도인에게 책임을 물을 수 없다[133].

다만, 하자담보책임 포기 특약은 그 취지가 명확해야 한다. 단순히 '현 시설물 상태에서의 매매계약'이라는 문구만 있다면, 포기 특약이 있다고 보기 어렵다[134]. 매수인이 누수 사실을 인지했음에도 감수하기로 했어야 한다. 누수에 대해 책임을 묻지 않는 대신 매매대금을 감액했다는 등의 사정이 없다면, 쉽사리 하자담보책임 포기 특약을 인정할 수는 없다.

# 상법상 담보책임

앞서 민법상 담보책임의 성립 요건에 대해 살펴보았다. 이는 일반적인 형태의 매매계약에서 적용된다.

그런데 **매도인과 매수인이 모두 상인이라면** 달라진다. 상법상 담보책임[135]이 적용된다. 이 경우, 매수인은 건물을 인도받자마자 곧바로 누수 등 하자가 있나 검사해야 하고, 하자를 발견하면 곧바로 매도인에게 통지해야 한다. 매수인이 누수를 찾을 수 있었음에도 이를 알리지 않았다면, 매도인은 담보책임을 부담하지 않는다. 가령, 건물 내부에 물이 뚝뚝 떨어지고 있다면, 매수인은 매도인에게 곧바로 이의를 제기해야 한다. 그렇지 않으면 담보책임을 추궁할 수 없다. 6개월이 지나기 전이라 하더라도 마찬가지다. **민법상 담보책임보다 책임 추궁이 어렵다.** 상인, 즉 '프로' 간 매매이니 매수인이 더욱 주의하라는 취지다.

그런데 즉시 발견할 수 없는 하자가 있었다면 어떨까? 가령, 벽체 내부에 물이 고여 썩었을 뿐 티가 나지 않을 수 있다. 이 경우, 매수인이 인도 직후 검사해도 이를 확인하기 어렵다. 이때에는 기간이 더 주어진다. 인도 시점부터 6개월 이내에 권리를 행사하면 된다[136]. 아무리 매수인이 상인이더라도 찾을 수 없는 하자를 매도인에게 통지할 수는 없다. 그렇기에, 민법상 담보책임처럼 6개월의 기간을 받게 된다.

다만, 양 당사자가 모두 상인이더라도 민법상 담보책임이 적용되는 경우가 있다. 매도인이 누수 등 하자의 존재를 알았을 때다. 매도인이 물이 새는 사실을 알고 팔았더라면, 상법상 담보책임이 적용되지 않는다. 매도인이 악의인 경우까지 보호할 필요는 없기 때문이다.

# 손해배상과
# 해제

하자담보책임 요건이 갖춰지면, 우선 **손해배상**을 청구할 수 있다. 물론, 매수인이 보수비를 입증해야 한다. 원칙적으로는 법원에 감정을 신청하여 객관적인 보수비가 얼마인지 밝혀야 한다. 여기에 법원이 매도인의 책임을 일부 제한할 수 있다. 가령, 매매 당시부터 건물이 노후화된 상태였다거나, 매수인이 부동산을 인도받고 누수를 방치하였다고 가정해보자. 이 경우, 온전히 매도인 책임으로 돌리기는 어렵다. 보수비에서 일정 비율을 제한 금액이 배상액으로 인정해야 한다. 그렇기에, 법원은 보통 감정인이 산정한 보수비의 50~100% 사이의 금액을 배상액으로 본다[137, 138].

그런데 손해배상으로 만족하기 어려운 경우도 많다. 돈 주고 매수한 건물에서 누수가 발생하면, 계약을 무르고 싶어지기 마련이다. 누수가 발생하는 건물은 꼴도 보기 싫어질 수 있다. 이 경우, 매수인은 손해배상을 받기보다 **계약을 해제**하고 매매대금을 돌려

받기를 원하게 된다.

 그러나 이는 손해배상보다 더 어렵다. 하자담보책임의 기본적인 요건을 갖추면 손해배상을 받을 수 있지만, 대금 전체를 반환받으려면 추가적인 요건까지 충족해야 한다. **하자로 인해 매매계약의 목적을 달성할 수 없어야** 한다. 이는 무엇을 의미할까? 하자가 중대해야 할 뿐만 아니라, 현실적으로 보수가 어려워야 한다. 즉, 보수가 불가능하거나 가능하더라도 장기간을 요하는 등의 사정이 있어야 한다[139]. 곳곳에 물이 차고 곰팡이가 번지는 정도의 심각한 누수가 발생하여 정상적인 사용이 불가한 수준이고, 건물의 구조적인 문제로 인해 근본적인 누수 방지가 불가한 정도면 해제할 수 있다[140]. 이와 달리, 단순히 누수 흔적이 있다거나 비가 올 때마다 부분적인 누수가 발생하는 정도로는 부족하다[141, 142].

 현실적으로 이 요건을 충족하기가 매우 어렵다. 앞서 살펴봤던 바와 같이 하자담보책임이 성립하려면 원칙적으로 매수인이 누수 사실을 몰랐거나 몰랐던 데에 잘못이 없어야 한다. 매수인이 누수 사실을 알았거나 과실로 알지 못했다면 담보책임을 추궁할 수 없다. 그런데 계약의 목적을 달성할 수 없을 정도로 누수가 심각하다면, 보통 매수인이 누수의 존재를 비교적 손쉽게 알 수 있다. 즉, 계약 해제가 가능할 정도로 중대한 누수라면, 하자담보책임의 기본 요건이 충족되기 어렵다. 해제는 물론이고 손해배상조차 받을 수 없는 경우가 많다.

그렇다면 어떠한 사례에서 해제할 수 있을까? 누수 책임에 대한 특약이 있는 경우다. 매매계약서에 매도인이 누수에 대한 책임을 부담한다는 내용이 있다고 가정해보자. 이 경우, 매수인이 심각한 누수가 발생한다는 사실을 알고 계약을 체결했어도 담보책임을 추궁할 수 있다. 매도인이 책임을 부담하기로 하는 특약은 민법의 담보책임 규정에 우선한다. 당사자 의사에 따라 매수인이 누수를 알았든 몰랐든 매도인이 책임져야 한다. 이와 같은 특약이 있어 매도인이 책임져야 하는데, 누수의 정도가 너무나도 심각하다면 어떨까? 담보책임의 기본 요건은 당연히 충족되고, 나아가 해제 요건까지 갖춰진다.

| 2 | 불완전이행책임 |

담보책임의 요건이 갖춰지지 않았더라도, 매수인에게는 대안이 있다. **불완전이행책임**이다. 불완전이행책임의 요건이 충족되었다면 매도인에게 누수에 대한 책임을 추궁할 수 있다. 요건은 크게 두 가지다.

우선, 매도인이 건물을 인도할 의무를 불완전하게 이행해야 한다. 즉, 건물에 **누수 등 하자가 있는 상태로 인도**하였어야 한다[143]. 이 점에 대한 입증책임은 매수인에게 있다[144]. 매수인은 건물 인도 무렵의 누수 사진 및 동영상 등을 제시하면 된다. 인도 후에 누수가 발생했다면, 매도인은 불완전이행책임도 부담하지 않는다.

이때 눈여겨볼 점이 있다. 하자담보책임의 기준 시점은 '매매' 시점이지만, 불완전이행책임은 '인도' 시점이다. 즉, 계약서 작성 후 인도 전에 누수가 발생하였다면, 매도인이 하자담보책임은 부담하지 않더라도 불완전이행책임은 부담하게 될 수 있다. 하자담보책임에 비해서 늦은 시점에 발생한 누수에 대해서도 불완전이행책임을 추궁할 수 있다. 누수가 인도 전에 발생했으면 충분하다.

그 다음 요건을 살펴보자. **매도인에게 고의나 과실이 있었어야** 한다. 이 점이 하자담보책임과의 큰 차이다. 담보책임에 비해 매수인에게 불리한 요건이다. 하자담보책임은 '무과실책임'이다. 즉, 매도인에게 잘못이 없더라도 하자가 있으면 담보책임을 부담하게 된다. 즉, 매도인이 누수 사실을 알지 못하고 팔았더라도 이를 이유로 담보책임에서 벗어날 수는 없다. 그러나 불완전이행책임은 다르다. 매도인이 인도 당시 누수 발생 사실을 알 수 없었다면 불완전이행책임을 부담하지 않는다. 가령, 건물 내부 중 대형 설비에 가려진 부분에 국소적인 누수가 발생한 상태였다면, 매도인이 누수 사실을 알기 어렵다. 이 경우, 매도인은 고의나 과실이 없었으니 불완전이행책임을 부담하지 않게 된다. 다만, 매도인의 인식에 대한 입증책임은 매도인에게 있다[145]. 매도인이 고의나 과실이 없었음을 입증해야 불완전이행책임을 면하게 된다.

정리해보면, ① 인도 시점에 누수가 발생한 상태였고, ② 매도인에게 고의나 과실이 없었어야, 매도인이 불완전이행책임을 부담한다.

불완전이행책임의 경우, 하자담보책임과 달리 제척기간은 따질 필요가 없다. 하자담보책임의 제척기간이 이미 지나버렸다고 하더라도, 제척기간에 구애받지 않는 불완전이행책임을 추궁할 수 있다. 소멸시효 문제가 남지만 실무상 논할 실익이 크지는 않다. 제척기간은 6개월인 데 비해 소멸시효는 5년[146]이나 10년[147]이다. 누수 사건에서 5년이나 10년이라는 긴 기간을 묵혀두기 쉽지 않다.

한편, 담보책임의 요건 중 '매수인의 인식'은 불완전이행책임에서도 변수가 될 수 있다. 매수인이 누수 발생 사실을 알았거나 과실로 알지 못했다면, 매도인은 하자담보책임을 부담하지 않는다. 불완전이행책임의 경우, 사건마다 다르다. 매수인이 누수 발생 사실을 알았더라도 이를 용인하기로 하지 않았다면, 매도인은 불완전이행책임을 부담한다. 매도인이 '누수가 없는 정상적인 건물'을 인도하기로 했는데 '누수가 있는 건물'을 인도했다면 '불완전'이행이다. 매수인으로서는 매도인이 누수를 보수하여 인도하리라고 믿었을 수 있고, 이를 보호할 필요가 있다. 이와 달리 매수인이 매매 시점에 누수 발생 사실을 알고 있는 상태로 이를 감수하기로 약정했다면, 매도인에게 불완전이행책임을 물을 수 없다. 이 경우, 매도인은 '누수가 발생한 건물'을 인도하기로 하였으니, '누수가 발생한 건물'을 인도해도 '불완전'이행에 해당하지 않는다. 매수인의 인식 여부는 불완전이행책임의 경우에도 변수가 될 여지가 있다.

　불완전이행책임이 인정될 경우, 그 효과는 하자담보책임과 크게 다르지 않다. 우선, 매수인은 **손해배상**을 청구할 수 있다. 마찬가지로 감정 결과에 따른 하자보수비 중 전부 또는 일부를 배상받을 수 있다. 여기에서 더 나아가, **계약의 목적을 달성할 수 없을 정도로 누수가 심각해야** 계약을 해제하고 대금을 반환받을 수 있다[148]. 즉, **계약 해제**를 위한 추가 요건은 담보책임과 같다.

## 3 불법행위책임

하자담보책임이나 불완전이행책임 외에도, **불법행위책임**을 이유로 손해배상을 청구할 수 있다. 고의 또는 과실로 인한 위법행위로 타인에게 손해를 가한 자는 그 손해를 배상할 책임이 있다[149]. 이에 따라 매도인이 누수 발생 사실을 알고도 이를 숨기고 부동산을 매도하는 위법행위로 매수인에게 손해를 가하였다면, 불법행위에 따른 손해배상책임을 부담한다. 손해는 마찬가지로 하자보수비 전부 또는 일부이고, 경우에 따라서는 위자료가 추가될 여지도 있다.

다만, 실제 사건에서 이와 같은 청구는 실익이 크지 않다. 매도인이 누수를 은폐하고 팔아버렸다면, 불완전이행책임이 성립하게 된다. 어차피 불완전이행책임이라는 수단으로 손해배상을 받을 수 있는데, 굳이 불법행위에 따른 손해배상책임을 더할 필요도 없다. 불완전이행책임을 물을 수 없는데 불법행위책임을 추궁할 수 있는 사례는 찾기 어렵다.

불법행위책임을 논할 실익은 다른 데에 있다. 계약 취소다. 매도인이 유의미한 수준의 누수가 발생한 사실을 알고 있음에도 고의로 이를 은폐하고 부동산을 매도하였다면, '사기'에 해당한다. 이 경우, 매수인은 계약을 취소할 수 있다[150]. 이 경우, 계약의 목적을 달성할 수 없을 정도로 누수가 아주 심각한 수준까지는 아니더라도 대금을 반환받을 수 있다. 심지어는 매도인이 누수 보수를 완료하였다고 하더라도, **누수가 발생한 적이 없다고 거짓 진술하였다면 사기에 해당할 수 있다**[151]. 계약 해제와는 요건이 다르다. 도저히 사용할 수 없을 정도로 심각한 누수가 발생하였다거나, 수리가 불가능한 수준이어야 할 필요까지는 없다. 거래 통념상 알려야 했을 정도의 누수가 발생했는데 이를 숨겼다면 충분하다.

이때 유의할 점이 있다. 아주 미미한 수준의 누수라면 은폐하더라도 '사기'에 해당하지 않을 수 있다. 굳이 말하지 않아도 될 정도였다면, 이를 알리지 않았더라도 매수인을 속였다고 단정하기 어렵다. 매수인이 당연히 용인할 만한 사항이었다면, 이를 알리지 않았다고 사기 취소할 수는 없다. 계약 해제의 경우처럼 아주 극심한 수준의 누수가 발생하여야 할 필요는 없지만, 최소한 유의기한 수준은 되어야 한다.

한편, 매수인이 매도인의 '사기'를 입증해야 한다. 단순히 정황 증거로는 부족하다. 매도인이 누수를 알았을 가능성이 높더라도, 그 정도로는 충분하지 않다. 가능한 방법을 총동원해서 매도인이 유의미한 수준의 누수를 고의로 숨긴 사실을 밝혀야 한다. 수리업자, 부동산 중개인, 해당 부동산에 거주했던 임차인, 윗집이나 아랫집 거주자 등 관련자와 접촉해야 한다. 증인신문 과정에서 매도인으로부터 누수 사실 은폐를 부탁받은 증언을 확보한다면, 기망 입증에 성공할 수 있다.

다만, 민사소송에서 사기를 주장하여 대금을 반환받을 수 있다고 하더라도, 형사처벌은 별개다. 민사소송에서도 매수인이 입증책임을 부담하지만, 고도의 개연성을 증명하면 족하다. 즉, 일반적으로 의심을 품지 않을 정도면 충분하다[152]. 이와 달리, 형사소송에서는 엄격한 입증이 필요하다. 합리적 의심의 여지가 없을 정도로 범죄사실을 증명해야 한다. 이와 같은 차이로 인해 민사 사건과 형사 사건에서의 결론이 달라질 수 있다. 매도인이 누수 사실을 숨긴 경우, '매도인의 사기'에 대한 민사상 입증은 충분하더라도 형사상 입증은 불충분할 수 있다. 즉, 매도인이 민사소송 결과에 따라 매매대금 반환 의무를 부담하게 될 수는 있지만, 그렇다고 하여 형사 처벌된다고 단정할 수 없다[153]. **형사 처벌은 쉽지 않다.**

이른바 '신축' 열풍이다. 신축 아파트는 편의시설을 갖추고 있어 사용하기에 쾌적할 뿐만 아니라 투자 가치도 있다. 상업시설의 경우에도 똑같은 가격이라면 누구나 신축을 선호한다. 영업을 하는 입장에서는 방문객들에게 좋은 인상을 주기 위해 깔끔한 신축을 선호한다. 대중들은 신축에 대한 기대를 갖고 분양받는다. '새 건물'에 대한 환상이 있다.

선호가 큰 만큼, 신축 건물에서 누수가 발생하면 실망도 크다. 노후화되지도 않았는데 분양받자마자 누수 등 하자가 발생하는 사례가 적지 않다. 이 경우 분양받은 자, 즉 수분양자는 분노하게 된다.

수분양자는 시행사와 시공사를 상대로 하자 보수와 손해배상을 요구하게 된다. 원만히 해결되면 다행이지만, 시행사와 시공사가 순순히 응하지 않는 경우도 많다. 수분양자로서는 완벽하게 하자를 보수하고 거주비와 위자료까지 요구하기 마련이다. 음식 먹다가 머리카락만 나와도 '서비스'까지 나올 수 있는데, 건물에서 물이 떨어진다면 더 큰 조치가 있어야 한다고 여긴다. 하지만 시행사와 시공사 입장에서 이를 받아들이기도 쉽지 않다. 자체적으로 판단하는 적정 금액을 투입하기 어렵다.

수분양자가 대금 반환을 요구하는 경우도 있다. 이때는 더욱 합의가 어렵다. 분양 대상의 가격이 상승세라면, 일반적으로 수분양자는 하자보수 및 손해배상으로 마무리하기를 희망하기 마련이다. 금액을 올려 팔 수 있는데 굳이 분양 대금을 돌려받을 이유가 없다. 그래서 대금 반환 요구는 보통 가격 상승기가 아니라 하락기에 빈번하다. 누수도 터졌는데 분양 호실의 가격마저 내려가고 있다면, 분양 대금을 반환받고 싶을 수밖에 없다. 이 경우, 시행사는 십중팔구 수분양자의 요구에 응하지 않는다. 하락기에는 다른 사람에게 원래 금액으로 분양이 될 리가 없기 때문이다. 결국 소송이다.

그런데 분양은 매매와는 다르다. 똑같이 부동산을 돈 주고 사는 행위 같지만, 따져보면 차이가 있다. 분양자는 매도인보다 보다 큰 주의의무를 부담한다. 신축을 지어서 파는 만큼 책임도 크다고 보면 된다. 분양계약에 대해서는 매매계약과 다른 법리가 적용되고, 요건에 차이가 있다. 분쟁의 형태도 다르다. 매매에서는 매도인과 매수인 간의 분쟁이지만, 분양계약에서는 시행사, 시공사, 소유자 간의 분쟁이다. 경우에 따라서는 소유자들이 뭉쳐서 시행사와 시공사를 상대로 소송하는 유형도 있다. 분양계약 고유의 법리와 분쟁의 형태가 있다.

## 1. 집합건물법상 담보책임

　신축 집합건믈 분양계약의 경우, 집합건물의 소유 및 관리에 관한 법률이 적용된다. 약칭은 집합건물법이다. 분양받은 집합건물에서 누수가 발생할 경우, 민법 제580조의 담보책임이 아니라 집합건물법 제9조에 따른 담보책임을 살펴야 한다. 이에 대해 살펴보자.

# 집합건물법에 따른
# 담보책임의 청구권자와 상대방

우선, 누가 집합건물법상 담보책임을 행사할 수 있을까? **구분소유자**, 즉 개별 세대의 현 소유자다. 수분양자가 아니라도 괜찮다. 즉, 수분양자가 분양받은 호실을 별도 특약 없이 매도하였다면, 매수한 구분소유자가 원칙적으로 담보책임을 추궁할 권리를 갖는다. 구분소유자는 전유부분에 대한 하자보수비에 대한 권리를 갖는다. 공용부분은 어떨까? 입주자대표회의나 관리단이 아니라 구분소유자 전원에게 있다[154].

그 다음으로, 누가 집합건물법상 담보책임을 부담할까? 원칙적으로는 집합건물을 처음 분양한 자, 즉 **시행사**다[155]. 땅을 사고 돈을 끌어와서 시공사에게 공사를 맡긴 건축주를 말한다. 분양자는 개별 호실을 분양한 자로서 당연히 담보책임을 부담한다. 시행사가 구분소유자에게 하자보수비를 지급하고 나면, 시공사에게 도급계약에 따라 하자에 대한 책임을 물을 수 있다. 다만, 시공사가 원칙적으로 직접 계약 관계가 없는 구분소유자에게 담보책임을 부담하지는 않고, 시행사와의 관계에서 책임을 부담할 뿐이다.

그런데 분양자가 돈이 없다면 어떻게 할까? 시행사가 돈 빌려와서 건물 올리고 일부 분양한 후 재산이 없는 경우가 있다. 대출 위주로 자금을 조달하여 사업을 진행하는 시행사가 많아서, 미분양이 속출하면 재산이 없기 마련이다. 이 경우, 현실적으로 분양자에게 하자 보수비를 청구해서 승소해도 무의미하다. 판결문으로 상대방의 재산을 경매할 수 있지만, 재산이 없으면 꽝이다.

다행히 대안이 있다. 시행사가 돈 없다고 폐업해버리는 경우가 워낙 많으니, 집합건물법은 그에 대비한 규정을 두고 있다. 집합건물법 제9조 제2항, 제3항이다. 분양자에게 회생절차개시 신청, 파산 신청, 해산, 무자력 또는 그밖에 준하는 사유가 있는 경우, 시공자 또한 집합건물법에 따른 담보책임을 진다는 내용이다[156]. 즉, 원칙적으로 시행사에게만 하자보수비를 받을 수 있지만, **시행사에게 돈이 없으면 시공사에게 받을 수 있다**. 시공사는 시행사에 대하여 최종적인 하자에 대한 책임을 부담하는 만큼, 시공사에게 특별히 불이익하다고 보기 어렵다.

실무상으로는 시공사가 사실상의 책임을 부담한다. 어차피 시행사로서는 구분소유자에게 보수비를 물어줘도 시공사에게 받을 수 있다. 그렇기에, 굳이 빙 돌아가기보다 시공사가 직접 나서는 사례가 적지 않다. 구분소유자가 시행사에게 하자보수를 요청할 경우, 시공사가 일반적으로 보수를 진행하게 된다. 구분소유자가 시행사를 상대로 손해배상청구 소송을 제기하여 승소할 경우, 시공사가 직접 판결금을 구분소유자에게 지급하는 사례도 많다.

## 집합건물법상 담보책임의 요건

한편, 집합건물법상 담보책임의 요건은 민법상 하자담보책임이나 불완전이행책임과 비교할 때 훨씬 인정되기 쉽다. 민법 제580조의 하자담보책임이 성립하려면 매매계약 당시 하자가 발생한 상태여야 했고 불완전이행책임이 인정되려면 인도 당시에 하자가 있었어야 한다. 그러나 집합건물법상 담보책임은 그와 같은 요건이 없다. 분양 전 하자뿐만 아니라 후에 발생한 하자에 대해서도 담보책임이 인정된다. 상식에도 부합한다. 분양자가 '신축' 집합건물을 분양했다면, 그 건물에 일정 기간 하자가 발생하지 않으리라는 점을 담보해야 한다. 그런데도 하자가 발생했다면, 당연히 분양자가 이에 대한 책임을 부담한다.

물론, 분양자가 영원히 집합건물법상 담보책임을 부담하지는 않는다. 매수인이 제척기간을 준수해야 하듯, 구분소유자로서는 **일정 기간 내에 권리를 행사해야** 한다. 그 기산점은 언제일까? 세부적으로 살펴보면, 하자 부위마다 기산점이 다르다. 공용부분은 사용검사일(사용승인일)부터, 전유부분은 수분양자에게 인도된 날부터 진행한다[157]. 기간에 대해 살펴보면, ① 마감공사의 하자 등 하자의 발견·교체 및 보수가 용이한 하자는 2년 내에, ② 건축설비공사, 목공사, 창호공사의 하자 등 건물의 기능상 또는 미관상의 하자는 3년 내에, ③ 대지조성공사 등 건물의 구조상 또는 안전상의 하자는 5년 내에 행사해야 한다[158]. 경미한 하자일수록 기간이 짧고, 중대한 하자일수록 길다. 일반적으로 **누수**는 건축설비 공사 등 건물의 기능상 또는 미관상의 하자에 해당한다. 즉, **3년**이 적용된다[159]. 따라서 전유부분에 누수가 발생했으면 수분양자가 처음 인도받은 날부터 3년 내에, 공용부분에 누수가 터졌으면 사용검사일 또는 사용승인일로부터 3년 내에 권리행사하면 된다. 이때 권리행사는 반드시 소송만을 의미하지 않고, 기간 내에 공문을 보내는 등의 방법으로 해도 된다[160].

한편, 매매계약과 달리 구분소유자의 인식을 따질 필요가 없다. 매수인이 민법 제580조의 담보책임을 추궁하려면 하자의 존재를 알지 못했거나 알지 못한 데에 잘못이 없었어야 한다. 민법 제580조가 그와 같은 요건을 정하고 있다. 이와 달리, 집합건물법에는 구분소유자의 인식에 대한 규정이 없다. 즉, 구분소유자가 분양 또는 소유권 취득 시점에 하자의 존재 사실을 알았어도 된다.

또한, 분양자에게 과실이 없어도 된다. 매도인은 고의나 과실이 없으면 불완전이행책임을 부담하지 않지만, 분양자는 고의나 과실을 따질 필요 없이 집합건물법의 담보책임을 부담한다. 집합건물법은 분양자의 고의나 과실에 대해 별도 규정하고 있지 않다.

여러모로 집합건물법상 담보책임은 민법상의 담보책임이나 불완전이행책임에 비해 추궁하기 쉽다. 민법 제580조의 담보책임처럼 제척기간이 짧지도 않고, 인도 이후에 하자가 발생해도 무방하다. 구분소유자나 분양자의 인식을 따질 필요도 없다. 신축이라면 당연히 품질을 보증해야 하니, **비교적 쉽게 책임을 물을 수 있다.**

다만, 유의할 점은 있다. 숨은 요건이 있다. '집합건물법'상 담보책임은 '집합건물'에 대해서만 적용된다. 즉, 1동의 건물 중 구조상 구분된 여러 개의 부분이 독립한 건물로 사용되고, 각 부분의 소유권이 나뉘어 있어야 한다[161]. 점포 하나씩 매매가 가능한 상업시설이나, 호실마다 소유권자가 다른 오피스텔을 생각하면 된다. 이와 달리, 한 사람만이 소유할 수 있는 '통건물'은 집합건물법이 적용되지 않는다. 개별 점포나 호실이 나뉘어 있더라도, 등기부가 하나면 집합건물이 아니다. 등기부가 여럿이어야 집합건물법상 담보책임을 물을 수 있다.

# 집합건물법상
# 담보책임의 효과

집합건물법상 담보책임 요건이 갖춰지면, 구분소유자는 무엇을 청구할 수 있을까? 우선, 시행사 등에 <mark>하자보수를 청구</mark>할 수 있다[162]. 실무상 구분소유자들이 소송으로 하자보수를 청구하는 사례는 찾기 어렵고, 보통은 소송을 제기하기 전에 보수를 요청한다. 시행사나 시공사가 보수해주면 굳이 소송 안 하고 원만하게 마무리할 수 있다.

고쳐주지 않으면 소송이다. 이 경우, <mark>하자보수비 명목의 손해배상을 청구</mark>하게 된다. 하자보수를 소송으로 청구하는 방법도 있지만, 실무상 찾기 어렵다. 어차피 신뢰도 깨졌는데 돈으로 받는 방안이 더 간편하다. 싫다는 사람 부르기보다는 손해배상이 낫다.

손해액 산정 방법은 매매계약의 경우와 약간 다르다. 매매계약의 경우, 매수인은 자기 호실의 하자보수비만 손해배상으로 청구할 수 있다. 매도인이 해당 호실 전유부분을 매도했으니, 공용부분에 대해 담보책임이나 불완전이행책임을 부담하지는 않는다. 이와 달리, 집합건물법상 담보책임은 전유부분과 공용부분 모두에게 적용된다. 개별 구분소유자가 당연히 자신의 **전유부분 보수비**를 청구할 수 있고, 공용부분 보수비 중 자신의 몫 또한 받을 수 있다. 즉, 개별 구분소유자는 **공용부분 보수비 × (자신의 전유부분 면적 / 전체 전유부분 면적)**을 청구할 수 있다[163]. 나머지는 매매계약과 유사하다. 하자보수비에서 노후화 등 사정으로 인해 손해배상책임이 일부 제한될 수 있다[164].

여기까지는 집합건물법상 담보책임의 기본적인 요건이 갖춰질 때의 효과다. 즉, 하자보수 청구와 손해배상 청구는 집합건물법상의 담보책임이 성립하기만 하면 된다. 이와 달리, 계약 해제는 추가 요건이 필요하다. 민법상의 담보책임이나 불완전이행책임과 마찬가지다. 계약을 해제하고 대금을 반환받으려면 하자의 정도가 극심해야 한다. **분양계약의 목적을 달성할 수 없을 정도로 하자가 중대하고 보수가 불가능하거나 가능하더라도 장기간의 기간을 요해야, 계약 해제가 가능**하다. 곳곳에 물이 떨어지고 얼룩이 생기며 누수 원인 파악조차 어려운 상태를 예로 들 수 있다[165]. 누수가 심각하지 않거나, 원인이 분명하여 곧바로 고칠 수 있다면 해제하기 어렵다. 구분소유자가 분양받은 후 호실 가격이 떨어져서 누수를 빌미로 해제하려는 사례가 종종 있는데, 보수하기 대단히 어려운 심각한 누수가 아니라면 실제 해제가 쉽지 않다.

 물론, **계약서에 따로 정한 바가 있다면 누수의 정도가 극심하지 않더라도 계약을 해제할 수 있다.** 매매계약과 마찬가지다. 가령, "시행사의 귀책사유로 인하여 당초 입점예정일로부터 3개월을 초과하여 지연된 경우 또는 계약 기간 중 시행사의 계약이행이 불능하게 된 때에는 본 계약을 해제할 수 있다"는 문구를 예로 들어보자. 실무상 분양계약서에 위와 같은 내용이 들어있는 사례가 종종 있다. 이 경우, 구분소유자가 누수로 인해 3개월간 입점할 수 없었는지 따져보면 된다[166]. 즉, 계약의 목적을 달성할 수 없을 정도로 누수가 심각할 필요까지는 없고, 3개월간 입점하기 어려울 정도의 누수가 발생하기만 하면 된다. 계약 내용에 충실히 따르면 그만이다.

## 2 하자보수보증금

앞서 시행사와 시공사의 집합건물법상 담보책임을 살펴보았다. 하지만 이들에게만 책임이 있지는 않다. 보증기관은 집합건물법상 담보책임과 별개로 하자보수보증금 지급 의무를 부담한다. 하자보수보증금이란 무엇이고, 누가 누구를 상대로 어떻게 청구할 수 있을까?

우선, 하자보수보증금은 사업주체가 하자보수를 보장하기 위하여 담보책임기간 동안 보증기관에 예치해야 하는 돈이다[167]. 이때 사업주체는 일반적으로 건축주라고 생각하면 된다. 사업주체는 완공 후 행정청으로부터 사용검사(준공)를 받아야 비로소 해당 건물을 적법하게 사용할 수 있는데, 사용검사를 받으려면 그 전에 하자보수보증 절차를 거쳐야 한다. 즉, 하자보수보증금을 은행에 현금으로 예치하거나, 하자보수보증금 지급을 보장하는 보증에 가입하여야 한다[168]. 일반적으로는 사업주체가 주택도시보증공사나 건설공제조합이 취급하는 보증에 가입하고, 보증서를 행정청에 제출한다. 하자보수보증에 따른 금액은 시공비의 3% 정도라고 보면 된다.

하자보수보증금 청구권자는 입주자대표회의 또는 관리단이다. 개별 구분소유자가 아니다. 집합건물법상 담보책임과의 차이다. 일반적으로 입주자대표회의가 있는 대단지 아파트라면 입주자대표회의가, 빌라나 오피스텔 등 집합건물은 관리단이 청구권자라고 보면 된다. 사업주체는 사용검사권자인 행정청에 보증서를 제출해야 하고, 사용검사권자는 사업주체로부터 받은 보증서 명의를 입주자대표회의 또는 관리단으로 변경하고 이를 인계해야 한다[169].

사업주체가 하자를 보수하지 않는다면. 입주자대표회의나 관리단은 하자 판정 등 절차를 거쳐야 보증기관에 하자보수보증금을 청구할 수 있다. 입주자대표회의나 관리단이 하자가 있다고 여긴다고 해서 무조건 이를 보수하기 위한 비용을 받을 수는 없다. 하자가 있음을 공식적으로 확인해야 한다. 이를 위해 국토교통부 산하 하자분쟁조정위원회의 판정 등 절차를 거치거나, 건축사 등의 안전진단을 받거나, 법원 판결을 받아야 한다[170]. 실무상 하자분쟁조정위원회의 판정을 받는 사례는 많지 않다. 일반적으로는 안전진단을 받아 보증기관에 하자보수보증금 지급을 요청하거나,

시행사를 상대로 집합건물법상 담보책임을 추궁하는 소를 제기하면서 보증기관도 피고로 삼아서 하자보수보증금을 같이 청구한다.

하자보수보증금에는 한계가 있다. 우선, 금액이 한정되어 있다. 보증서에 따른 금액, 즉 시공비의 3% 정도가 한도다. 하자가 정말 많고 심각한 규모의 누수가 발생한다면 하자보수보증금만으로는 부족할 수 있다. 심각한 부실시공으로 '워터파크'가 될 수준이라면 하자보수보증금으로 보수를 완료하기 어려울 수 있다. 이 경우, 시행사 등에 집합건물법상 담보책임을 추궁해야 한다.

다음으로, 사용검사 전 하자에 대해서는 하자보수보증금을 청구할 수 없다. 보통 보증약관에 사용검사 전 하자는 면책된다는 취지의 내용이 있다. 그렇다면, 무엇이 '사용검사 전 하자'일까? 미시공 등 공사상 잘못이 사용검사 전에 있었더라도, 누수 등 지장이 사용검사 후에 나타난다면 '사용검사 전 하자'에 해당하지 않는다[171]. 즉, 사용검사 전에 배관을 필요한 위치에 설치하지 않아 사용검사 후 누수가 터지더라도, '사용검사 후 하자'에 해당하여 하자보수보증금을 청구할 수 있다. 하지만 사용검사 전부터 물이 뚝뚝 떨어지고 있었다면, '사용검사 전 하자'에 해당하여 하자보수보증금을 받기 어렵다.

## 3. 실무상 분쟁 형태

신축 집합건물에서 누수 등 하자가 발생할 경우, 해결 방안이 일원화되어 있지 않다. ① 소송 없이 처리하는 방법이 있고, ② 재판으로 해결하는 방법도 있다.

보통 **규모가 작은 집합건물일수록 소송을 기피**한다. 빌라나 소규모 상가건물이라서 구분소유자 수가 많지 않다면 소송비용 등 문제로 곧바로 소송을 선택하기 쉽지 않다. 구분소유자들로서는 우선 시행사나 시공사의 보수를 기대하게 된다. 시행사나 시공사에서 보수해주면 최선이고, 그렇지 않다면 관리단이 하자보수보증금으로 주요 하자를 처리하게 된다. 한계는 있다. 하자보수보증금 한도가 있고, 사용검사 전 하자를 보수할 수 없다. 그렇지만 소송비용까지 고려하여 소송 외의 방법으로 해결을 도모하는 사례가 적지 않다.

**대단지 아파트와 같은 대규모 집합건물은 집단 하자소송을 선호**한다.

시행사나 시공사가 개별 세대마다 다 들어가서 하자 보수하기에 한계가 있다. 또한, 하자보수보증금으로 하자 전부를 보수하기도 어렵다. 사용검사 전 하자를 합쳐보면 보수비가 상당한데, 포기하기엔 아깝다. 결국 소송이다. 우선, 개별 구분소유자들은 우선 입주자대표회의나 관리단에 손해배상채권을 양도한다. 입주자대표회의나 관리단은 시행사와 시공사를 상대로 집합건물법상 담보책임에 기한 손해배상을 청구하고, 보증기관을 상대로 하자보수보증금을 청구하는 소송을 제기한다. 하나의 소송으로 시행사, 시공사, 보증기관을 피고로 삼게 된다. 실무상 입주자대표회의나 관리단 측 법무법인이 나서게 된다. 착수금 없이 사건을 맡은 다음, 연계 안전진단 업체에 비용을 내고 하자 목록을 뽑은 후, 소를 제기하고 법원에 감정료 등 소송비용을 선납하고, 승소하여 받은 판결금에서 법무법인의 성공보수금과 선납 비용을 공제하고, 남은 금액을 구분소유자들에게 분배하게 된다.

 그런데 **개별 호실에 대규모 누수가 발생하면** 분쟁의 형태가 다르다. 이 경우, 입주자대표회의나 관리단이 하자보수보증금을 사용하거나 하자소송을 끝내기까지 기다리기 어렵다. 다른 호실과 공용부분까지 같이 처리한다면, 안전진단이나 법원 감정 등 제반 절차가 오래 걸릴 수밖에 없다. 또한, 개별 세대 피해의 심각성이 간과될 수도 있다. 그렇기에, 누수가 심각하다면 단독으로 시행사와 시공사에 보수 또는 배상을 요청해야 한다. 시행사나 시공사도 대규모 누수에 대해서 완전히 무시하기는 어렵다. 그런데도 협의에 이르지 못한다면, 해당 호실 구분소유자로서는 **단독으로 소송**을 진행해야 한다.

5장

기타 누수 분쟁

앞서 주요 누수 분쟁 유형에 대해 살펴보았다. 공동주택 층간 누수 분쟁, 임대차 누수 분쟁, 매매 누수 분쟁, 분양계약 누수 분쟁은 비교적 빈번하다. 이에 대해 분쟁의 형태와 적용되는 법리 등을 살펴보았다.

하지만 위와 같은 유형이 전부는 아니다. 이 외에도 누수 분쟁 유형은 더 있다. 인접 공사로 인한 누수 분쟁, 방수공사 계약 분쟁, 공인중개사와의 분쟁 등이 있다. 이에 대해서도 차례대로 살펴보자.

# 1 인접 공사로 인한 누수 분쟁

건물 신축 공사의 영향은 절대 적지 않다. 인접 주택 소유자의 일조권과 조망권이 침해될 수 있고, 인접 주택 거주자가 소음·진동·분진으로 정신적 고통을 겪을 수도 있다. 나아가, 발파, 터파기, 천공 등으로 인접 주택 자체에 하자가 발생할 수도 있다. 피해 건물의 지반이 침하되기도 하고, 균열이 생기기도 하며, 그로 인해 누수가 발생하기도 한다. 이에 인접 공사로 인한 누수 분쟁에 대해 살펴보고자 한다.

# 인접 공사 피해에 대한
# 손해배상청구의 요건

이 경우, 피해 건물 소유자는 누구에게 책임을 물어야 할까? **시공사**, 즉 건설사다. 시공사는 공사를 진행함에 있어 인접 지역에 지반침하, 균열, 누수 등 하자가 발생하지 않도록 적절한 안전조치를 취하여야 할 주의의무를 부담하고, 이를 소홀히 하여 누수 등 하자가 발생하면 손해배상책임을 부담한다[172]. 참고로, 시행사는 직접 공사를 진행하지 않으므로 인접 건물의 누수 등 피해에 대해 원칙적으로 책임이 없다. 시공사가 공사를 진행하는 주체로서 그로 인한 피해에 대한 책임을 부담한다.

그러나 시공사가 순순히 배상하는 사례는 많지 않다. 신축 공사 현장과 피해 건물 간에 거리가 좀 있다면, 시공사는 신축 공사가 인접 건물의 누수 원인이 아니라고 다툴 수 있다. 신축 공사 영향권 밖에 피해 건물이 있다면, 단순 노후화로 누수가 발생할 수도 있기 때문이다. 또한, 보수비에 대해 이견이 있을 수 있다. 피해자

측 견적과 시공사 측 견적이 차이가 날 수 있다. 합의되지 않는다면 또 소송이고, 피해자가 인과관계와 손해액을 입증해야 한다.

**인과관계**를 감정으로 입증해야 하는데, 이를 위해서는 미리 증거를 수집해둬야 한다. 공사 전에 아무런 증거도 확보해두지 않았다면, 인과관계를 증명하기 어렵다. 하자의 원인을 밝히려면, 가급적 **사전조사 보고서를 확보해두어야** 한다. 이는 공사 전 피해 건물의 균열 위치와 폭 등이 담긴 문건이다. 사전조사 보고서가 없다면 감정을 통해서도 인과관계를 입증하지 못할 수 있다. 감정인은 보통 사전조사 보고서와 현황을 대조하여 균열이 생겨나거나 확대되었는지 확인한다. 사전조사 보고서에 없던 균열이 현장 조사에서 발견되었다면, 인접 공사 영향으로 볼 여지가 있다. 그러나 사전조사 보고서가 없다면 균열이나 누수가 공사로 인해 생겼는지 알기 어렵다. 원래 있었던 하자일 수도 있기 때문이다. 그렇다면 사전조사 보고서를 어떻게 확보할까? 시공사에게 사전조사 보고서를 작성할 법률상 의무가 있지는 않다. 그러나 행정기관이 시공사에게 이를 작성하도록 지도하는 경우가 많다. 큰 공사일수록 그렇다. 피해 건물 소유자로서는 민원 등을 통해 어떻게든 사전조사 보고서를 손에 넣어야 한다.

또한, 법원 **감정 때까지 현장을 보존**해야 한다. 피해자가 균열·누수 등 하자 보수를 완료하였다면, 감정인이 사전조사 보고서와 비교할 '현황'을 확인할 수 없다. 사전조사 보고서 상태 그대로였는지, 하자가 더 커졌는지 알 수 없게 된다. 즉, 인과관계 입증이 어려워지게 된다. 누수 상황에서 피해자가 복구를 늦춘다면 고통이 클 수밖에 없지만, 어쩔 수 없다. 가급적 방수포 등으로 임시조치 후 현장 조사까지 버텨야 한다.

사전조사 보고서를 소지한 상태로 현장을 잘 보존했다면, **법원 감정을 통해 인과관계를 입증**할 수 있다. 감정인은 사전조사 보고서 내용, 균열·누수·지반침하 등 하자 상태, 공사 현장과 피해 건물의 이격 거리, 공사 내용 등을 종합하여 하자의 원인을 판정한다.

피해자로서는 **보수비 감정**도 같이 신청해야 한다. 과정은 타 사건에서의 보수비 감정과 유사하다. 감정인은 표준품셈 적용, 정부 공인 시중물가정보지 단가 기준의 재료비 산정, 대한건설협회 공표 시중 노무비 적용, 조달청 원가 요율에 따른 공사원가 제비율 적용 등 일반적인 기준에 따라 비용을 산정하게 된다. 절차와 기준을 준수해야 하기에, **피해자가 만족할 만한 금액이 산정되기는 쉽지 않다.**

## 기여도의 문제

피해자로서는 유의할 사항이 하나 더 있다. 감정인에게 공사의 **'기여도'**를 산정해달라고 요청해야 한다. 인접 공사로 인해 누수 등 하자가 발생하였더라도, 원인이 전적으로 해당 공사라고 단정할 수는 없다. 인접 토지에서 똑같은 공사를 하더라도, 옆 건물에서 같은 수준의 균열과 누수가 발생하지는 않는다. **피해 건물이 이미 노후화된 상태였다면, 인접 공사로 더욱 큰 피해가 발생할 수 있다.** 피해 건물이 견고하다면, 인접 공사의 충격이 크더라도 피해가 미미할 수 있다. 이 외에도 여러 요소가 작용한다. 공사 기간에 태풍이나 집중호우 등 자연재해가 발생했다면, 그로 인해 하자가 확대되었을 가능성이 있다. 인접 공사의 영향이 어느 정도인지 단언하기 쉽지 않다. 이때 감정인이 기여도를 판정해주면 깔끔하다.

감정인이 기여도를 산정하였다면, 법원이 이를 손해배상책임 제한에 반영한다[173]. 가령, 감정인이 누수에 대한 인접 공사의 기여도를 32%로 판정해서, 법원이 피해 건물의 하자보수비 중 30%를 최종 손해배상금으로 인정한 사례가 있다[174]. 물론, 법원이 기계적으로 감정인이 산정한 기여도를 따르지는 않는다. 이외에 제반 사정을 종합하여 소폭 상향시키기도 하고 하향시키기도 한다. 감정인이 기여도를 50%로 본다면, 법원은 시공사의 손해배상책임을 30% 내지 70% 정도로 제한한다.

   감정인이 기여도를 추정하지 못했다면 어떨까? 이 경우, 법원이 제반 사정을 참작하여 결정한다[175]. 피해 건물의 노후화 정도, 내구도, 이격 거리 등을 종합한다. 어떠한 방식으로든 인접 공사의 기여도 자체는 따진다. 시공사는 결국 피해에 기여한 정도에 대해서만 배상하게 된다.

## 2 | 방수공사 계약 분쟁

 누수 보수는 쉽지 않다. 원인을 정확하게 파악하기가 어렵다. 누수 피해자로서는 전문 업체에 원인 탐지 및 보수 공사를 맡겨야 한다. 그런데 전문 업체라 해도 원인 파악에 실패할 수 있다. 외벽, 창호, 배관을 모두 투시할 수는 없는 노릇이다. 배관 내시경 등 장비와 육감 등을 총동원해서 원인을 찾아야 하는데, 아무리 노력해도 잘못 판단할 수 있다. 누수를 막기 위해 창틀을 교체했는데 알고 보니 외벽 문제일 수 있다. 업체가 기껏 공사를 마쳐도 누수가 재발할 수 있다.

 이때 공사를 맡긴 발주자, 즉 도급인이 공사업체에 공사대금을 지급해야 할까? 도급인에게 추가적인 손해가 발생했다면, 수급인인 공사업체에게 책임이 있을까? 손해를 배상받을 수 있다면, 어떠한 비용을 받을 수 있을까?

 우선 누수공사계약의 내용을 살펴봐야 한다. 업체가 누수 자체를 해결하기로 했다면, 당연히 누수 재발에 대해 책임을 부담한다. 누수를 해결할 때까지 대금을 다 받을 수 없고, 반복된 누수로 인한 손해를 배상하게 될 수 있다. 이와 달리 공사 내용을 구체적으로 특정하였고 누수가 재발해도 수급인이 책임지지 않는다는 취지의 문구가 계약서에 있다면, 업체가 해당 공사를 마치기만 하면 된다. 도급인은 대금을 지급해야 하고, 추가 누수 피해가 발생해도 책임을 물을 수 없다. 도급인으로서는 방수공사 계약을 체결하기에 앞서 계약서 내용을 꼼꼼하게 검토할 필요가 있다.

업체의 책임이 인정될 경우, 도급인은 우선 공사 후 발생한 피해에 대한 보수비를 청구할 수 있다. 업체가 수급인으로서 제때 누수를 해결하지 않아 공사 후 누수가 확산하여 훼손 부위가 늘어났다면, 이를 보수하기 위한 비용은 업체의 채무불이행으로 인한 손해다. 가령, 누수가 완전히 해결되지 않아 곰팡이가 번져 석고보드를 추가 교체하게 되었다면, 수급인이 석고보드 교체 비용을 배상해야 한다.

수급인이 누수를 해결하지 못하여 도급인이 월세를 받지 못한다면, 도급인은 그로 인한 손해배상 또한 청구할 수 있다. 도급인이 개별 호실을 임대한 후 수급인에게 방수공사를 맡기는 경우, 수급인이 제때 누수를 해결하지 못하면 임차인이 퇴거할 수 있다. 법원이 그와 같은 사안에서 공사 시점 이후의 월세 상당액을 도급인의 손해로 인정한 사례가 있다[176]. 즉, 수급인이 제때 고치지 못해서 도급인이 못 받은 월세가 손해액으로 인정될 수 있다.

    다만, 수급인의 손해배상책임은 제한될 수 있다. 수급인은 누수를 유발한 책임이 아니라 해결하지 못한 책임을 부담할 뿐이다. 수급인이 나름 보수를 위해 노력하였는데 추가 손해까지 전부 배상하라면 억울할 수밖에 없다. 또한, 추가 피해에 대해서는 도급인의 책임도 있다. 도급인이 신속하게 다른 업체에게 공사를 맡기면 추가 피해를 막아낼 수 있다. 수급인만 믿고 기다린 책임이 있다고 볼 수 있다. 그렇기에, 일반적으로 법원은 수급인이 손해액 전부를 배상하지는 않도록 판결한다.

## 3  공인중개사와의 분쟁

　매수한 건물에서 누수가 발생하면, 어디서부터 잘못되었는지 하나하나 되돌아보게 된다. 매도인이 일부러 누수를 숨겼는지, 공인중개사가 계약을 어떻게든 성사시키려고 누수를 못 본 척했는지 의심하게 된다. 그러다보면 공인중개사에게도 책임을 묻고 싶어질 수 있다. 따지다 못해 공인중개사를 상대로 소송하는 사례가 종종 있다.

　그러나 성공 가능성은 매우 낮다. 눈으로 확인할 수 있는 부위에 누수가 발생한 상태였다면, 매수인이 굳이 공인중개사의 책임을 물을 이유가 없다. 애초에 매수인이 누수를 확인할 수 있었다면, 공인중개사가 이를 알려줘야 할 의무가 있었다고 보기 어렵다. 이 경우, 책임은 매수인에게 있다고 보아야 한다. 이와 달리 누수가 숨겨져 있었다면, 공인중개사 역시 매수인과 마찬가지로 누수를 확인하기 어렵다. 공인중개사가 가구를 옮기거나 벽체를 뜯고 누수 여부를 확인할 수도 없는 노릇이다. 공인중개사도 매수인과 마찬가지로 외관만 살필 수 있을 뿐이다. 이 경우, **공인중개사에게 숨겨진 누수 흔적까지 확인하여 고지할 의무는 없다**[177].

물론, 공인중개사가 매도인이랑 누수를 은폐하기로 공모했다면 책임이 인정될 수 있다. 매도인이 누수를 고의적으로 숨기면 '사기'에 해당할 여지가 있고, 공인중개사가 그에 가담했다면 공동불법행위자로서 책임을 지게 될 수 있다. 다만, 실무상 공인중개사가 구태여 매도인의 불법행위에 가담하는 사례를 찾아보기 어렵다. 지역에서 신뢰로 장사하는 직업인데, 조심할 수밖에 없다.

## 글을 마치며

누수 사건들을 보다보면, 결국 '법원 감정'이 핵심이다.

감정이 필요한지부터 살펴야 한다. 누수 원인과 보수비 등을 밝히기 위해 법원 감정이 필요한 사건이 있고, 그렇지 않은 사건이 있다. 비용 문제로 감정보다는 조정이 유리한 사건도 있다. 필요하지 않은 감정에 비용을 지출하는 우를 범하지 않도록 유의해야 한다. 또 필요한 감정을 누락하여 패소하지 않도록 주의할 필요가 있다.

감정 신청 시점 또한 중요하다. 현장을 보존해두고 최대한 빨리 감정을 신청해야 유리한 사건도 있고, 빨리 보수하여 추가 피해를 막고 사후적으로 감정해도 되는 사건도 있다. 보수를 늦춰도 감정이 가능한지, 보수를 늦춘다면 어떠한 피해가 발생하는지 등을 살펴 판단해야 한다.

감정 대상도 잘 정해야 한다. 가령, '보수 기간'을 감정 사항에 넣지 않는다면, 대체 주거비 청구가 어려워질 수 있다. 인접 공사로 인해 누수 피해가 발생한 사건에서 '공사의 기여도'를 감정할 사항에 넣지 않으면, 결과를 예측하기 어려워질 수 있다. 무엇이 감정을 통해 입증할 사항인지 꼼꼼하게 살펴야 한다.

감정인 지정도 신중해야 한다. 누수 감정 실적, 건축시공기술사 등 필요한 자격증 소지 여부, 평판, 비용 등을 고려하여 적임자가 감정인으로 지정되도록 적시에 의견을 제시해야 한다. 감정인을 잘못 지정하면 비용은 비용대로 내고 부정확한 결과로 패소하게 될 수 있다.

감정인에게 제출할 자료 또한 주의해야 한다. 필요한 자료를 사전에 준비해두지 않고 제출하지 않는다면 감정 결과가 달라질 수 있다. 감정인도 사람이고, 제시하는 자료가 부족하면 누수 원인을 잘못 짚을 수 있고, 보수비를 적정하게 산정하지 못할 수 있다. 필요한 자료를 적시에 제시하여 정확한 판단을 내리도록 조력해야 한다.

나아가, 감정 비용을 정산하는 문제도 유의해야 한다. 감정 비용 자체가 적지 않다 보니, 상대방이 이를 부담하게 만들어야 한다. 승소 비율이 높을수록 상대방이 부담하는 소송비용이 커지므로, 승소비율을 높이는 방향으로 사건을 진행할 필요가 있다. 터무니없이 큰 금액을 청구하면, 패소비율만 커져 감정 비용을 피해자가 부담하게 될 수 있다.

결국 누수 사건은 '법원 감정'을 중심에 놓고 판을 잘 짜야 한다. 그런데 '감정(鑑定, appraisal)'만큼이나 중요한 것이 하나 더 있다. '감정(感情, emotion)'이다. 누수 분쟁의 피해자는 일반적으로 개인이다. 기업이나 국가 기관 간의 분쟁과는 다르다. 기관 간에는 소송을 피하기 쉽지 않다. 의사 결정 구조상 법원의 공식적인 판단이 필요할 수 있다. 그러나 개인 간의 누수 분쟁은 다르다. 꼭 법원 판단을 받지 않더라도 당사자 간에 합의해서 분쟁을 마무리하기 쉽다. 변호사 보수와 인지대, 감정료 등 소송비용을 아낄 수 있다. 그러나 사소한 다툼으로 소송으로 가는 경우가 많다. 받을 수 있는 금액이 크지 않음에도 무리한 비용을 지출해가며 소송할 실익은 크지 않다. 말이 통하지 않는 상대방이라면 어쩔 수 없겠지만, 소송에 과도한 기대를 하고 있는지 되돌아볼 필요가 있다. 무얼 위해 소송을 하는 것인지, 실익 없는 감정(感情, emotion) 싸움을 하고 있는 것은 아닌지 생각해야 한다.

결국엔 상황을 진단해봐야 한다. 협의로 마무리할 수 있는 사건인지, 소송을 해야 하는 사건인지 살펴야 한다. 감정(感情, emotion) 싸움인지, 아니면 감정(鑑定, appraisal) 분쟁인지 판단해야 한다. 이를 위해 증거는 충분한지, 법적으로 승소할 수 있는 상황인지, 승소하면 이익이 되는지 살펴야 한다. 하지만 법률 전문가의 판단조

차도 틀릴 수 있다. 기술적인 측면을 놓칠 수 있고, 법률적인 쟁점을 빠뜨릴 수 있다. 보다 명확한 근거가 필요하다. 실제 누수 사건이 어떻게 발생하고 해결되는지를 알아야 한다. 이에 누수 분쟁의 양상을 정리하고 분석해보았다. 보다 유의미한 판단 기준으로서 활용되기를 희망한다.

## 미주

1. 민사소송법 제98조
2. 공동주택관리법 제2조 제1항 제2호, 제18조 제3항
3. 집합건물의 소유 및 관리에 관한 법률 제9조의3 제2항, 제3항
4. 공동주택관리법 제18조 제1항
5. 경기도 공동주택관리규약 준칙 제20차 개정 전문 [별표 2] (제5조제1항 관련)
6. 대법원 2007. 7. 12. 선고 2006다56565 판결
7. 집합건물의 소유 및 관리에 관한 법률 제3조 제1항, 대법원 2007. 7. 12. 선고 2006다56565 판결
8. 대법원 2005. 6. 24. 선고 2004다30279 판결
9. 수원지방법원 2017. 9. 8. 선고 2017가합10995 판결
10. 인천지방법원 2018. 1. 26. 선고 2016가합55529 판결
11. 건축법 시행령 제2조 제14호
12. 인천지방법원 2023. 1. 12. 선고 2021가단208078 판결
13. 경기도 공동주택관리규약 준칙 제20차 개정 전문 [별표 2] (제5조제1항 관련)
14. 인천지방법원 2018. 1. 26. 선고 2016가합55529 판결
15. 인천지방법원 2023. 1. 12. 선고 2021가단208078 판결
16. 인천지방법원 2022. 12. 23. 선고 2021가단261956 판결
17. 서울중앙지방법원 2024. 10. 21. 선고 2023가단5151736 판결
18. 공동주택 하자의 조사, 보수비용 산정 및 하자판정기준 제6조의2 제2호, 부산고등법원 2022. 9. 15. 선고 (창원)2020나13352 판결, 부산고등법원 2022. 9. 15. 선고 (창원)2020나13352 판결 등
19. 서울중앙지방법원 2023. 4. 14. 선고 2022나29210 판결
20. 공동주택관리법 제2조 제1항 제10호 가목
21. 공동주택관리법 제93조 제1항, 같은 법 시행령 제96조 제1항 제2호, 수원지방법원 2017. 9. 8. 선고 2017가합10995 판결, 서울남부지방법원 2024. 11. 5. 선고 2023가단275527 판결 등

| | |
|---|---|
| 22 | 수원지방법원 2017. 9. 8. 선고 2017가합10995 판결, 부산지방법원 2019. 5. 17. 선고 2018나4847 판결 |
| 23 | 부산지방법원 2020. 1. 31. 선고 2019나3780 판결, 서울남부지방법원 2021. 9. 29. 선고 2021가단245133 판결 |
| 24 | 서울중앙지방법원 2024. 4. 18. 선고 2023가단5031856 판결 |
| 25 | 청주지방법원 2020. 12. 23. 선고 2019가합11798 판결, 수원지방법원 성남지원 2023. 7. 19. 선고 2022가단217345 판결 등 |
| 26 | 서울중앙지방법원 2017. 11. 17. 선고 2016가단96164 판결 |
| 27 | 집합건물의 소유 및 관리에 관한 법률 제27조 제1항 |
| 28 | 집합건물의 소유 및 관리에 관한 법률 제12조 제1항 |
| 29 | 서울북부지방법원 2020. 5. 6. 선고 2017가단142674 판결 |
| 30 | 서울북부지방법원 2021. 9. 8. 선고 2020나43631 판결 |
| 31 | 대법원 2009. 7. 9. 선고 2006다67602, 67619 판결 등 |
| 32 | 민사소송법 제375조 |
| 33 | 서울중앙지방법원 2023. 8. 9. 2023카기51733 결정 |
| 34 | 민사소송법 제341조 제1항 |
| 35 | 민사소송법 제98조 |
| 36 | 서울남부지방법원 2016. 4. 6. 선고 2015가단45240 판결 |
| 37 | 울산지방법원 2017. 5. 31. 선고 2016가단54895 판결, 서울남부지방법원 2016. 7. 13. 선고 2015가단11800 판결 |
| 38 | 서울중앙지방법원 2020. 9. 17. 선고 2018가단5216141 판결 |
| 39 | 「건설감정실무」(2016), 서울중앙지방법원 |
| 40 | 서울북부지방법원 2019. 10. 10. 선고 2019가합21884 판결 |
| 41 | 서울북부지방법원 2019. 10. 10. 선고 2019가합21884 판결 |
| 42 | 대법원 1994. 1. 28. 선고 93다49499 판결, 대전지방법원 천안지원 2022. 6. 8. 선고 2020가단112061(본소), 2021가단104074(반소) 판결 |
| 43 | 대구지방법원 2017. 9. 14. 선고 2017나303340 판결 |
| 44 | 대법원 2018. 10. 25. 선고 2018다237077 판결 |
| 45 | 부산지방법원 동부지원 2022. 5. 11. 선고 2021가단203496 판결 등 |
| 46 | 수원지방법원 2023. 1. 13. 선고 2022나65344 판결 |
| 47 | 서울서부지방법원 2024. 1. 17. 선고 2023가단222829 판결 |

48  서울서부지방법원 2019. 9. 25. 선고 2018가단217199 판결
49  서울중앙지방법원 2020. 9. 17. 선고 2019나52067 판결, 서울중앙지방법원 2024. 1. 23. 선고 2022가단5324995(본소), 2022가단5332903(반소) 판결
50  대전지방법원 천안지원 2022. 6. 8. 선고 2020가단112061(본소), 2021가단104074(반소) 판결
51  의정부지방법원 고양지원 2022. 6. 30. 선고 2021가단74965 판결
52  부산지방법원 2024. 1. 19. 선고 2023나47251 판결
53  수원지방법원 2018. 6. 14. 선고 2017나75484 판결
54  창원지방법원 통영지원 2023. 5. 18. 선고 2021가합2567(본소), 2022가합1929(반소) 판결, 대전지방법원 천안지원 2023. 8. 23. 선고 2022가단107629 판결
55  광주지방법원 2023. 11. 17. 선고 2023나73624 판결 등
56  창원지방법원 통영지원 2023. 5. 18. 선고 2021가합2567(본소), 2022가합1929(반소) 판결
57  부산지방법원 2023. 12. 8. 선고 2022나66590 판결
58  창원지방법원 진주지원 2019. 1. 30. 선고 2017가합11783(본소), 2018가합10510(반소) 판결
59  대법원 1991. 6. 11. 선고 90다20206 판결
60  제주지방법원 2020. 6. 23. 선고 2018가단58716 판결
61  부산지방법원 2020. 8. 20. 선고 2019가합44169(본소), 2019가합44176(반소) 판결
62  수원지방법원 성남지원 2017. 8. 25. 선고 2016가단26890 판결
63  서울동부지방법원 2024. 4. 5. 선고 2022나33816 판결
64  서울중앙지방법원 2023. 9. 7. 선고 2022가단5303455 판결, 서울중앙지방법원 2024. 3. 14. 선고 2021가단5274901 판결
65  대법원 2004. 7. 9. 선고 2003므2251,2268 판결
66  소송촉진 등에 관한 특례법 제3조 제1항, 소송촉진 등에 관한 특례법 제3조 제1항 본문의 법정이율에 관한 규정
67  서울중앙지방법원 2020. 6. 24. 선고 2019가단5233310 판결
68  민법 제758조 제3항
69  수원지방법원 성남지원 2021. 4. 21. 선고 2018가단224629 판결
70  서울남부지방법원 2019. 9. 25. 선고 2017가단248807 판결

| | |
|---|---|
| 71 | 민사집행법 제260조 |
| 72 | 민사집행법 제53조 |
| 73 | 대구지방법원 포항지원 2024. 8. 12. 선고 2024가합110 판결 |
| 74 | 대전지방법원 2024. 9. 12. 선고 2023나213028 판결, 부산지방법원 2018. 5. 1. 선고 2017가단3789 판결, 서울중앙지방법원 2017. 10. 25. 선고 2017가합536703 판결, 서울중앙지방법원 2021. 8. 27. 선고 2020가합567578 판결, 대구지방법원 2023. 10. 20. 선고 2022가단147130(본소), 2022가단147147(반소) 판결 등 |
| 75 | 부산지방법원 2022. 12. 21. 선고 2022고정113 판결 |
| 76 | 서울남부지방법원 2021. 8. 12. 선고 2021고정267 판결 |
| 77 | 부산지방법원 동부지원 2023. 12. 13. 선고 2022고정595 판결 |
| 78 | 의정부지방법원 2023. 11. 22. 선고 2022고단3498 판결 |
| 79 | 서울중앙지방법원 2024. 10. 21. 선고 2023가단5151736 |
| 80 | 대법원 1994. 12. 9. 선고 94다34692, 34708 판결 등 |
| 81 | 서울중앙지방법원 2019. 7. 5. 선고 2018가단5049082(본소), 2018가단5201071(반소) 판결 |
| 82 | 서울중앙지방법원 2022. 8. 16. 선고 2021나49552(본소), 2021나49569(반소) 판결 |
| 83 | 서울중앙지방법원 2022. 8. 16. 선고 2021나49552(본소), 2021나49569(반소) 판결, 서울북부지방법원 2022. 9. 30. 선고 2021가단111462 판결 등 |
| 84 | 울산지방법원 2017. 2. 7. 선고 2016가단51537 판결 등 |
| 85 | 대법원 1994. 12. 9. 선고 94다34692, 94다34708 판결, 대법원 2008. 3. 27. 선고 2007다91336, 91343 판결, 광주지방법원 2023. 4. 26. 선고 2022나62115 판결 등 |
| 86 | 대법원 2008. 3. 27. 선고 2007다91336 판결 등 참조 |
| 87 | 서울중앙지방법원 2024. 10. 17. 선고 2022가단5269616 판결 |
| 88 | 수원지방법원 2020. 8. 28. 선고 2019나90302 판결 |
| 89 | 대법원 2002. 5. 10. 선고 99다70778 판결, 서울중앙지방법원 2011. 12. 2. 선고 2011나27263 판결 |
| 90 | 인천지방법원 부천지원 2019. 11. 28. 선고 2018가단112262 판결 |
| 91 | 서울중앙지방법원 2021. 11. 30. 선고 2020가단5224824 판결 |
| 92 | 대법원 1997. 4. 25. 선고 96다44778,44785 판결 |
| 93 | 대전지방법원 2021. 3. 4. 선고 2018가단225491 판결 |

| | |
|---|---|
| 94 | 인천지방법원 2019. 10. 30. 선고 2019가단202602 판결 |
| 95 | 수원지방법원 성남지원 2022. 11. 23. 선고 2021가단8698 판결 |
| 96 | 민법 제741조 |
| 97 | 대법원 2016. 12. 29. 선고 2016다242273 판결 |
| 98 | 서울중앙지방법원 2016. 6. 14. 선고 2015가단5051862 판결 |
| 99 | 대법원 2002. 2. 26. 선고 2001다77697 판결 |
| 100 | 서울중앙지방법원 2016. 6. 14. 선고 2015가단5051862 판결 |
| 101 | 대법원 2005. 9. 30. 선고 2005다24677 판결 |
| 102 | 수원지방법원 2024. 2. 8. 선고 2022나98399(본소), 2022나100698(반소) 판결 |
| 103 | 대전지방법원 2023. 2. 14. 선고 2021나107587 판결 |
| 104 | 서울중앙지방법원 2024. 10. 17. 선고 2022가단5269616 판결 |
| 105 | 대전고등법원 2022. 2. 24. 선고 2020나15230 판결 |
| 106 | 대전지방법원 2021. 3. 31. 선고 2018가단223044 판결 |
| 107 | 대전지방법원 2021. 3. 4. 선고 2018가단225491 판결 |
| 108 | 대법원 1992. 4. 28. 선고 91다29972 판결, 대법원 2006. 3. 10. 선고 2005다31361 판결 |
| 109 | 서울중앙지방법원 2023. 7. 20. 선고 2020가단5288132 판결 |
| 110 | 창원지방법원 2022. 5. 20. 선고 2021가단108431 판결 |
| 111 | 서울중앙지방법원 2018. 12. 4. 선고 2017가단5226455(본소), 2017가단5226677(반소) 판결 |
| 112 | 서울북부지방법원 2022. 2. 8. 선고 2020나34385 판결 등 |
| 113 | 수원지방법원 2022. 9. 15. 선고 2021나102949 판결 |
| 114 | 수원지방법원 안산지원 2023. 1. 19. 선고 2021가합12541 판결 |
| 115 | 서울중앙지방법원 2019. 9. 25. 선고 2018나83910(본소), 2018나83927(반소) 판결 |
| 116 | 서울중앙지방법원 2025. 5. 28. 선고 2023가단5384093(본소), 2023가단5478097(반소) 판결 |
| 117 | 서울중앙지방법원 2025. 5. 28. 선고 2023가단5384093(본소), 2023가단5478097(반소) 판결 |
| 118 | 상가임대차보호법 제10조의3 내지 7 |
| 119 | 상가임대차보호법 제15조 |

120 대법원 1992. 4. 28. 선고 91다29972 판결, 2002. 6. 11. 선고 2002다2539 판결 등
121 서울북부지방법원 2021. 4. 29. 선고 2020나36374(본소), 2020나36381(반소) 판결
122 민사소송법 제202조의2
123 서울동부지방법원 2022. 2. 16. 선고 2021가단143098 판결
124 부산지방법원 2022. 5. 26. 선고 2020가단315273 판결
125 대법원 2000. 1. 18. 선고 98다18506 판결
126 부산지방법원 동부지원 2016. 1. 22. 선고 2014가합2456 판결
127 서울북부지방법원 2016. 6. 24. 선고 2016가단101027 판결
128 민법 제580조 제1항 단서
129 부산지방법원 서부지원 2023. 10. 19. 선고 2022가단120068 판결
130 민법 제582조
131 대법원 1985. 11. 12. 선고 84다카2344 판결
132 대전지방법원 천안지원 2019. 6. 21. 선고 2018가합104217 판결
133 서울북부지방법원 2020. 12. 16. 선고 2020나32112 판결
134 서울중앙지방법원 2024. 9. 26. 선고 2023가단5023305 판결
135 상법 제69조 제2항
136 상법 제69조 제1항
137 창원지방법원 2019. 1. 10. 선고 2018나51819 판결
138 대구지방법원 안동지원 2023. 8. 30. 선고 2022가단20160 판결
139 대법원 2010. 6. 10. 선고 2010다10252 판결
140 부산지방법원 서부지원 2023. 10. 19. 선고 2022가단120068 판결
141 부산지방법원 동부지원 2023. 5. 11. 선고 2020가단226553 판결
142 의정부지방법원 고양지원 2023. 10. 27. 선고 2023가단60120 판결
143 대구지방법원 2023. 11. 29. 선고 2022가단148881 판결
144 부산지방법원 2023. 7. 19. 선고 2022나54214 판결
145 부산지방법원 2022. 4. 21. 선고 2021가단314079 판결
146 상법 제64조 제1항
147 민법 제162조 제1항

| 148 | 서울북부지방법원 2019. 1. 11. 선고 2017가단137993 판결 |
| --- | --- |
| 149 | 민법 제750조 |
| 150 | 민법 제110조 |
| 151 | 창원지방법원 진주지원 2022. 9. 16. 선고 2021가단40552 판결 |
| 152 | 대법원 2010. 10. 28. 선고 2008다6755 판결 |
| 153 | 대법원 2019. 5. 30. 선고 2019도2643 판결 |
| 154 | 대법원 2009. 5. 28. 선고 2009다9539 판결 |
| 155 | 집합건물의 소유 및 관리에 관한 법률 제9조 제1항 |
| 156 | 집합건물의 소유 및 관리에 관한 법률 제9조 제2항, 제3항 |
| 157 | 집합건물의 소유 및 관리에 관한 법률 제9조의2 제2항 |
| 158 | 집합건물의 소유 및 관리에 관한 법률 시행령 제5조 |
| 159 | 부산지방법원 2023. 8. 9. 선고 2020가합44196 판결, |
| 160 | 대법원 2009. 5. 28. 선고 2008다86232 판결 |
| 161 | 집합건물법 제1조 |
| 162 | 집합건물의 소유 및 관리에 관한 법률 제9조 제1항, 민법 제667조 |
| 163 | 서울중앙지방법원 2023. 6. 7. 선고 2021가합530047 판결 등 |
| 164 | 서울중앙지방법원 2023. 5. 31. 선고 2020가합595016 판결 등 |
| 165 | 대전고등법원 2018. 6. 20. 선고 2017나15483 판결 |
| 166 | 수원지방법원 2022. 5. 25. 선고 2021나62546 판결 |
| 167 | 공동주택관리법 제38조 제1항 |
| 168 | 공동주택관리법 시행령 제41조 제1항 |
| 169 | 공동주택관리법 시행령 제41조 제3항 |
| 170 | 공동주택관리법 시행령 제43조 |
| 171 | 대법원 2002. 2. 8. 선고 99다69662 판결 |
| 172 | 서울중앙지방법원 2024. 11. 26. 선고 2022가단33942 판결 |
| 173 | 창원지방법원 통영지원 2019. 6. 20. 선고 2017가단26927 판결 등 |
| 174 | 서울남부지방법원 2020. 5. 19. 선고 2018가단219202 판결 |
| 175 | 수원지방법원 2020. 9. 8. 선고 2018가단527202 판결 |
| 176 | 부산지방법원 2021. 4. 28. 선고 2019나66668(본소), 2020나58168(반소) 판결 |
| 177 | 의정부지방법원 고양지원 2023. 10. 27. 선고 2023가단60120 판결 |